CONTENTS

かぎ針と棒針で編む

あったかウエアと小物

marshell

大人が履く毛糸のパンツなら、こんな模様編みの一枚はいかがでしょう？　複雑なように見えますが、1段の編み込みに使用している糸は2本のみ。しっかり図を見ながら編み進めていけば大丈夫です。ウエストから輪の作り目で編み始めることで最後のとじやはぎが不要になり、仕上がりも美しく楽になります。編み込み部分は地厚で少し重もあるので、ウエストがずり落ちる方もいらっしゃるかと思い、スレッドコードのひもを入れました。メリヤス編みの端がくるっと丸まる性質を利用した裾のデザインも含め、かわいく仕上がりました。

デザイン・制作 ◇◇◇ marshell ／ 使用糸 ◇◇◇ ハマナカ アメリー
作り方 ◇◇◇ *page. 33*

編み込み模様の
毛糸のパンツ

部屋着にぴったりのゆるゆるズボン

この作品に使う糸は私の大好きな「ソノモノ アルパカリリー」しかない、と最初から思っていたのですが、実際に編んでみて大正解でした。暖かくてやわらかく、上品に仕上がる編みやすい糸。編んでいて本当に楽しかったです。ウエスト部分には平ゴムを入れ、ズボンらしくしっかりと。ウエストサイズは市販のMサイズを想定しつつ、部屋着ですので少しゆったりめの68cmに。股下は模様がきれいに終わる段数で決め、67cmにしています。股下のサイズは人それぞれだと思いますので、ご自分のサイズに合わせて編んでみてください。そして、足部分は編み地が縮まりがちなので、最後にしっかり伸ばしてスチームアイロンをお忘れなく。おしりの2つのポケットにはミニサイズのカイロを入れられるようにしています。

デザイン・制作 ≫ marshell ／ 使用糸 ≫ ハマナカ ソノモノ アルパカリリー ／ 作り方 ≫ *page.36*

ドミノ編みの
モチーフブランケット

肩から羽織ったりひざにかけたり、一枚あると嬉しい大判のブランケット。こちら
の作品は「ドミノ編み」と呼ばれる技法で作りました。棒針編みのドミノ編み
はガーター編みで四角に編んでいくもの。このモチーフならではのふんわりした
編み地は厚地でとても暖かく、肌寒いときのブランケットにぴったりです。色使
いやボーダーの配置のしかたにずいぶん悩みましたが、時々太いラインを入れ
たモチーフにすることで作品にリズムが生まれ、良かったように思います。モチー
フの並び方でも模様の変化を作り出せる、楽しい作品です。

デザイン ≫ marshell / 制作 ≫ 平野亮子
使用糸 ≫ ハマナカ カミーナ タム / 作り方 ≫ *page. 40*

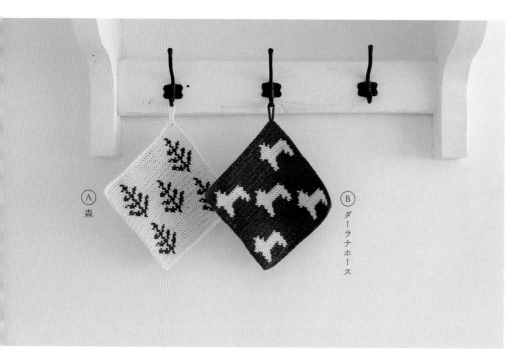

Ⓐ 森

Ⓑ ダーラナホース

北欧テイストのポットマット

温かい飲み物でほっと一息、そんなときに使いたい北欧風のポットマットです。使用糸はⒶもⒷも同じ2色使いで、Ⓐはメインカラーを生成り、Ⓑはダークグレーにしてリンクさせました。ポットマットには厚みのある編み地が向いていますが、かぎ針の編み込み模様は糸を裏に渡して巻き込んでいきますので、こういった作品にぴったりの編み方です。

デザイン ∽ marshell ／ 制作 ∽ 青野美紀
使用糸 ∽ ハマナカ アメリー ／ 作り方 ∽ *page. 42*

「おうちで過ごすカフェ時間にこんなクッションがあったら」そんなアイデアから生まれた作品です。糸は「メンズクラブマスター」を2本どりにし、しっかりと地厚に仕上げています。ビスケット部分の縁取りにはバック細編みであしらいを加えました。クリーム部分にはパプコーン編みを繋げていき、ぷっくり感を作り出しています。

デザイン ∽ marshell
制作 ∽ 加藤万理
使用糸 ∽ ハマナカ メンズクラブマスター
作り方 ∽ *page. 44*

ビスケットみたいな
クッション

Ⓐ

Ⓑ

シンプルな丸首のセーター

リラックスタイムに着たいゆったりとしたセーター。内側に薄手の
カットソーなどを合わせてももたつかず美しく着こなせます。どうし
てもウエアを編むのは身構えてしまいがちですが、この作品は「ソ
ノモノ《超極太》」という糸を使ってざくざくと編んでいくローゲージ
タイプ。編み始めればあっという間です。まずはヨーク（首元）か
ら編み始め、そのまま輪で編み進めていきます。技法的にもとじ
やはぎがなく楽で、仕上がりもきれいです。スカートにもパンツに
も合う、オーソドックスなセーターが一枚あると便利ですよね。

デザイン 〰 marshell ／ 制作 〰 仲野千恵
使用糸 〰 ハマナカ ソノモノ《超極太》 ／ 作り方 〰 *page. 46*

腹巻きはお腹を冷やしたくないときに一年中活躍するアイテム。斜行した模様が浮き出る「スパイラル編み」という技法の作品です。スパイラル編み自体は同じパターンが連続する簡単なテクニックなのですが、輪でボーダーを編むことによって変化のある面白い編み地になります。この作品で使ったのは「エクシードウール L《並太》」という糸です。しっとりと柔らかくて暖かく、腹巻きにとても向いています。お腹側の内側にカイロポケットを付けましたが、もちろん腰側に回して使っても OK。31 ページのスワッチページも見ながら、お好きな 3 色で楽しく編んでみてください。

デザイン 〰 marshell
制作 〰 仲野千恵
使用糸 〰 ハマナカ エクシードウール L《並太》
作り方 〰 *page. 52*

Ⓐ グリーン系

Ⓑ ピンク系

ポケットつきの腹巻き

足元が冷える日に、タイツなどの上か
らでも重ね履きできるゆるっとした靴
下を編んでみました。特徴的な縦の
ラインは、ゴム編みとガーター編み
の組み合わせでできています。かか
との編み方は©のぴったり靴下とは
編み方を変え、足周りの編み地のま
ま編み進めています。

デザイン・制作 ∾∾ marshell
使用糸 ∾∾ ハマナカ ソノモノ
　　　　　アルパカウール《中細》
作り方 ∾∾ *page. 54*

Ⓐ ゆったり靴下

こちらの縦ラインは表編みとかのこ編
みで作り出したデザインです。履き口
は6号針、裾に向かっては7号針に
変えて、目数は変えずに裾広がりにな
るようなシルエットに。スリットが入るこ
とで靴が履きやすくなり、このままちょっ
とそこまでのお出かけもできます。

デザイン・制作 ∾∾ marshell
使用糸 ∾∾ ハマナカ ソノモノ
　　　　　アルパカウール《並太》
作り方 ∾∾ *page. 51*

Ⓑ レッグウォーマー

かすり染めのきれいな「ラブックス」と、パキッとした単色の「コロポックル」は楽しい組み合わせ。ラブックスよりコロポックルの方が少し太いため、今回はかかとやつま先など、丈夫にしたい部分にコロポックルを使いました。かかとの編み方は一般的な作り方にしています。

デザイン・制作 ≫ marshell
使用糸 ≫ ハマナカ ラブックス《マルチカラー》、ハマナカ コロポックル
作り方 ≫ *page.56*

足元のあったかグッズ3種

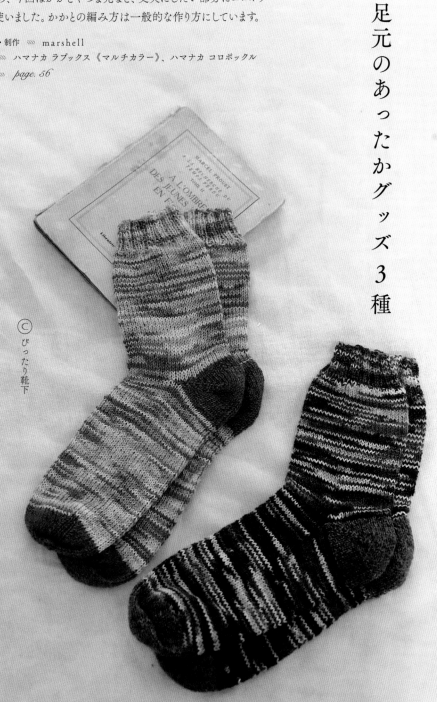

Ⓒ ぴったり靴下

「アメリーエフ《ラメ》」は繊細でおしゃれなラメ入り糸。ハンドウォーマーにすることで手元に上品なキラキラ感が加わりました。腕側は5号針、手のひら側を4号針にすることによってサイズを変え、身につけやすいように工夫しています。ゴム編みなので伸縮性がありますが、表目2目＋裏目1目にすることでふんわり優しい感じに。袖の中から覗かせればおしゃれのアクセントにもなります。親指は専用の穴から出して使います。手袋と違い、ハンドウォーマーは指先が出ますのでいろいろと作業しやすいですよね。

デザイン ≫ marshell ／ 制作 ≫ 片山智美
使用糸 ≫ ハマナカ アメリーエフ《ラメ》 ／ 作り方 ≫ *page. 58*

ロングハンドウォーマー

Ⓐ 肩からふわっとゆるく羽織って、ショールとして。

真っ直ぐ編んだ編み地にボタンをつけることによって、いろいろな着方を楽しめる面白いショールになりました。「ソノモノ ヘアリー」というふわふわな糸で編みますので、風合いが良くとっても軽い着心地です。生成りをベースにライトブラウンのラインを入れてみました。ラインがあると身につけたときの色の出方が楽しく、おしゃれ感が増すように思います。このショールはこの本で唯一の「透かし模様」の作品。いろいろな模様を試作しましたがこの模様が一番毛糸との相性が良く、美しい透け感が出せました。

デザイン ≫ marshell ／ 制作 ≫ 仲野千恵 ／ 使用糸 ≫ ハマナカ ソノモノ ヘアリー ／ 作り方 ≫ *page. 59*

Ⓒ ボタンを全部留めると筒状になります。
腕を通してボレロとして。

Ⓑ 横長に半分に折ってぐるりと首に回すと、マフラーに。

4wayショール

Ⓓ ボタンを上の方で
留めるとおしゃれな
カシュクール風に。

チョコレートカラーの水玉ひざかけ

暖かみのある私の好きな配色です。使用した「カミーナ ループ」は細いループ状の糸で、編み上がりはふわふわとなめらか。かぎ針の編み込みなので、編み地がかたくならないように針を適正号数より1号大きくしています。編み目がよく見えるようにゆったりと編んでみてください。水玉部分はブラウンの糸を編みくるんで編みますが、水玉を編み終えたら、ピンク（または生成り）の糸はそこまで、次はブラウンのみで編み始めます。編みくるむ糸が表に響きやすいため、この作品ではきれいに仕上げるために水玉部分のみ編みくるむ方法にしました。

デザイン ∿ marshell
制作 ∿ 青野美紀
使用糸 ∿ ハマナカ カミーナ ループ
作り方 ∿ *page. 62*

つけ襟にもなるヘアバンド

「バスケット模様」がおしゃれな 2way の作品です。往復編みのバスケット模様は最初は少し難しく感じるかもしれません が、同じ模様の繰り返しなので一度コツを覚えてしまえばきっと大丈夫です。シンプルですが、つけ襟でもヘア バンドでもかわいく使っていただけると思います。つけ襟は首元がちょっと寂しいときに、ヘアバンドは耳周りを温める アイテムとしておすすめです。ボタンはバスケット模様のすき間に差し込んで留めるタイプですので、もしも頭周りが ゆるく感じたら、留め位置をちょっとだけ調整してみてください。

デザイン ≫ marshell ／ 制作 ≫ 加藤万理
使用糸 ≫ ハマナカ エクシードウール FL 《合太》 ／ 作り方 ≫ *page. 64*

ネックウォーマーとしても使えるバラクラバ

ここのところ人気のバラクラバは、顔周りをすっぽり包んでくれる温活アイテムですね。この作品はフードを被ればバラクラバに、脱いだらネックウォーマーとして使えるよう、使い勝手のいいデザインを目指しました。後頭部はツンとさせず、なるべくなだらかになるように減らし目を入れました。編み地はすじ編みを採用することによってきれいなラインも入り、かぎ針編みとはいえ薄くやわらかい手触りになっています。ボタンは2つとも留めるとしっかり暖かくなりますし、下だけ留めてゆるく被るとふんわりした印象に。好みの方で楽しんでください。

デザイン・制作 ≫ marshell ／ 使用糸 ≫ ハマナカ エクシードウール L 《並太》
作り方 ≫ *page. 68*

大人と子どもが
一緒に使うミトン

いつか作ってみたいと思っていた作品です。子ども用の「ミニ手袋」
が大人の手袋の手のひら側にすでに編みつけてあるデザイン。大
人と手を繋いだ子どもはミニ手袋の中に手を忍ばせれば暖かく過ご
せます。とはいえこれではもう片方の手が寒いままなので、ちびっこサ
イズも追加で一枚作りました。親指は手の側面から増やす形で編ん
でいますので、左右どちらの手でも使えます。32 ページのスワッチペー
ジも見ながら、色合わせを楽しんでみてください。

デザイン・制作 ≫ marshell
使用糸 ≫ ハマナカ アメリー
作り方 ≫ *page. 66*

素足でも温かいルームシューズ

足先が隠れる部分を多めにして甲をすっぽり覆うデザインにしました。足に編み地がぴたっと密着することで、スリッパよりも暖かく過ごせるのがポイント。長編みの引き上げ編みを使って地厚に仕上げています。独特のモコモコとした模様もかわいいです。底には市販のフェルト底を使ってお手軽かつ丈夫にできあがりました。

デザイン・制作 ≫ marshell
使用糸 ≫ ハマナカ ソノモノ グラン
作り方 ≫ *page. 63*

アラン模様の湯たんぽカバー

スタンダードなアラン模様を中央にあしらった湯たんぽカバー。「湯たんぽカバー」というと落ち着いた色が多い印象ですが、あえてビビットカラーで編むことでかわいらしくおしゃれに仕上がりました。湯たんぽ本体は一般的なサイズのものを採用しています（約32.5cm × 20cm）。ニットは伸縮性がありますので、似たようなサイズの本体ならフィットしてくれると思います。

デザイン ≫ marshell ／ 制作 ≫ 平野亮子
使用糸 ≫ ハマナカ アメリー
作り方 ≫ *page. 69*

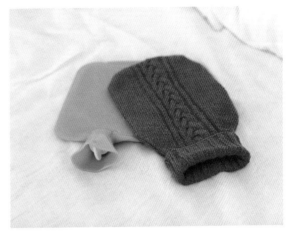

Swatch Variation

スワッチのバリエーション

スワッチとは「小さい見本」という意味です。
必ずしも本と同じ色合わせでなくても構いませんし、
一枚作ってみたら他の色でも作ってみたくなるかもしれません。
ここではちょっと面白そうなカラーコーディネートをご提案しました。
オリジナルの作品作りのご参考にしてみてください。

p.08 北欧テイストのポットマット

糸 〰 ハマナカ アメリー

Ⓐ 森

Ⓑ ダーラナホース

C / #16（青）
　　#10（水色）

C / #6（赤）
　　#22（グレー）

C / #53（紺）
　　#54（エメラルドグリーン）

C / #13（グリーン）
　　#20（生成り）

C / #8（茶色）
　　#20（生成り）

C / #16（青）
　　#20（生成り）

C / #6（赤）
　　#20（生成り）

p.29 アラン模様の湯たんぽカバー

糸 〰 ハマナカ アメリー

C / #13（グリーン）

p.o6

ドミノ編みのモチーフブランケット

糸 〰 ハマナカ カミーナ タム

C / #204(グリーン)
#202(イエロー)
#201(生成り)

C / #205(ブラウン)
#206(ピンク)
#201(生成り)

p.12

ポケットつきの腹巻き

糸 〰 ハマナカ エクシードウール L 《並太》

C /
#847(グリーン)
#837(イエロー)
#825(紺)

C /
#827(ライトグレー)
#854(青)
#801(白)

C /
#827(ライトグレー)
#842(ピンク)
#860(ダークグレー)

C /
#847(グリーン)
#842(ピンク)
#827(ライトグレー)

p.15

足元のあったかグッズ 3 種

糸 〰 ハマナカ ラブックス 《マルチカラー》、ハマナカ コロポックル

Ⓒ ぴったり靴下

ラブックス
C / #502
(水色×オレンジ系)

コロポックル
C / #5(イエロー)

ラブックス
C / #501
(黄緑×ピンク系)

コロポックル
C / #7(赤)

ラブックス
C / #508
(黒×カーキ系)

コロポックル
C / #1(白)

ラブックス
C / #507
(青×オレンジ系)

コロポックル
C / #21(水色)

p.20　チョコレートカラーの水玉ひざかけ

糸　〰〰　ハマナカ カミーナ ループ

C /
#102（イエロー）
#105（ブラウン）
#101（白）

C /
#104（グリーン）
#106（ピンク）
#101（白）

C /
#103（オレンジ）
#105（ブラウン）
#101（白）

p.22・23　つけ襟にもなるヘアバンド

糸　〰〰　ハマナカ エクシードウール FL《合太》

C /　#753（グレー）　　C /　#743（イエロー）

p.26　大人と子どもが一緒に使うミトン

糸　〰〰　ハマナカ アメリー

C /
#27（スモーキーピンク）
#21（ベージュ）

C /
#22（ライトグレー）
#54（エメラルドグリーン）

C /
#13（グリーン）
#21（ベージュ）

C /
#22（ライトグレー）
#42（ライトパープル）

C /
#30（ダークグレー）
#21（ベージュ）

編み込み模様の毛糸のパンツ

〰 材料と用具

ハマナカ　アメリー
ベージュ（21）80g、ダークグレー（30）・ブラウン（9）各40g、ライトグレー（22）・赤（6）各25g
棒針6号、5号（輪針または4本針）
かぎ針6/0号

〰 できあがりサイズ

腰回り96cm　丈約44.5cm

〰 ゲージ

10cm平方で編み込み模様22.5目×25段

〰 編み方ポイント

前後ろはベージュで、指でかける作り目で164目作り輪にします。5号針で1目ゴム編みで編みます。18段編んだら針を6号に替え、編み込み模様で編みますが、1段めはベージュで編みながら増し目をします。52段編んだら図を参照して、前後にまちを入れながらメリヤス編み縞で編みます。まちの両端は増し目をして編み、14段編んだら前まちを残して目を休めます。前まちは往復編みでさらに14段編み、まち同士の編み終わりをメリヤスはぎにします。足は左右それぞれ拾い目をして輪にし、6号針で編み込み模様で編み、編み終わりは伏せ止めます。ひもを編み、1目ゴム編みの裏目の穴に通し、結びます。

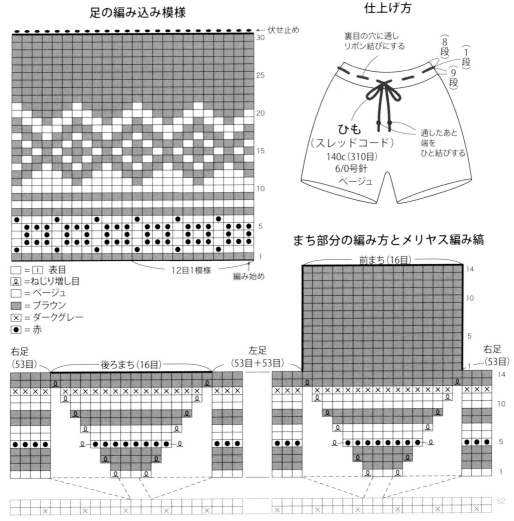

足の編み込み模様

← 伏せ止め

□ =|1| 表目
|Ω| =ねじり増し目
□ = ベージュ
▨ = ブラウン
|×| = ダークグレー
|●| = 赤

12目1模様
編み始め

仕上げ方

裏目の穴に通し
リボン結びにする

（8段）（1段）
（9段）

ひも
（スレッドコード）
140c（310目）
6/0号針
ベージュ

通したあと
端を
ひと結びする

まち部分の編み方とメリヤス編み縞

前まち（16目）

右足
（53目）
後ろまち（16目）
左足
（53目+53目）
右足
（53目）

page.34 へ続く

まちのはぎ方

メリヤスはぎ

後ろまち　前まち

★
(16目)
☆

5.5c (14段)
5.5c (14段)

右足◇ 休み目
23.5c(53目)

わに編む
21c 52段
6c (18段)
◎

(+52目)

前
(編み込み模様)
96c(216目)
5号針
(1目ゴム編み)
(164目)作り目

前まち
7c(16目)
(休み目)
★
(+7目) (2目) (+7目)
23.5c(53目)

左足◆ 休み目
メリヤス編み縞
23.5c(53目)

12c 30段

左足
(編み込み模様)

53c(120目) 伏せ目

◆から(106目)
☆から(14目) } (120目)拾う

後ろ
(編み込み模様)

(108目)

後ろまち
7c(16目)
(休み目)
(+7目) (2目) (+7目)
23.5c(53目)

右足◇ 休み目
23.5c(53目)

12c 30段

右足
(編み込み模様)

53c(120目) 伏せ目

◇から(106目)
★から(14目) } (120目)拾う

(108目)

※指定以外は6号針で編む

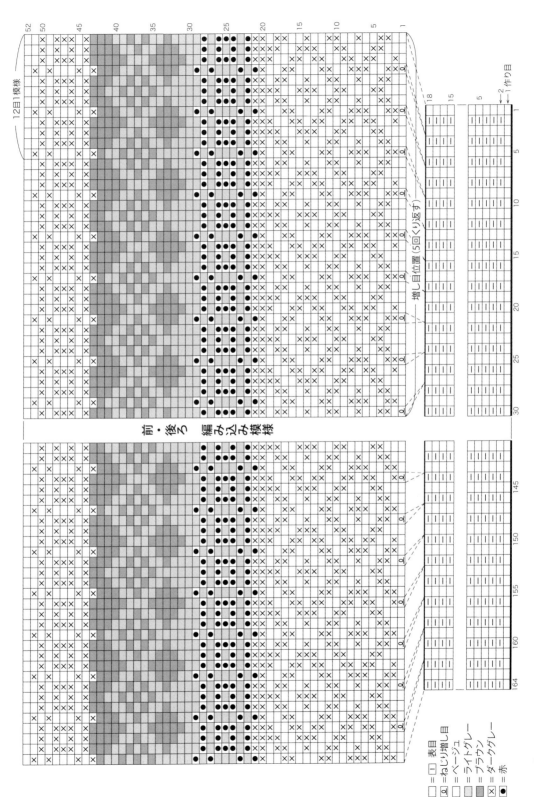

前・後ろ　編み込み模様

12目1模様

増し目位置（5回〈くり返す）

1作り目

=□ 表目
Q =ねじり増し目
□ =ベージュ
□ =ライトグレー
=ブラウン
=ダークグレー
X =赤
● =赤

60c（129目）
伏せ目

（ガーター編み）　（−7目）

（136目）

2c（7段）

（＋8目）
左足と同じ

右足
（模様編み）

（メリヤス編み）

（メリヤス編み）

65c（172段）

60c（129目）
伏せ目

（ガーター編み）　（−7目）

（136目）

（＋8目）
14段平
14−1−7
60−1−1
段　目　回

左足
（模様編み）

（メリヤス編み）

（メリヤス編み）

◇から（106目）
★から（14目）　26.5c（120目）拾う

後ろまち
7c（15目）
（休み目）

◆から（106目）
☆から（14目）　26.5c（120目）拾う

右足◇　休み目

左足◆　休み目

（メリヤス編み）　（模様編み）

17.5c（37目）

（＋6目）　（3目）　（＋6目）図参照

17.5c（37目）　（30目）　18.5c（39目）

（107目）

後ろ
（メリヤス編み）

（模様編み）

96c（218目）
10.5c（30目）

（＋8目）

（77目）

折り山

（1目ゴム編み）

（202目）作り目

部屋着にぴったりのゆるゆるズボン

材料と用具

ハマナカ　ソノモノ　アルパカリリー
ライトグレー(114)460g
棒針8号(輪針または4本針)
平ゴム(3cm幅)71cm

できあがりサイズ

腰回り96cm　丈約97cm

ゲージ

10cm平方でメリヤス編み21目×26.5段、模様編み28.5目×
26.5段

編み方ポイント

前後ろは指でかける作り目で202目作り輪にし、1目ゴム編みで編みます。24段編んだら、1段めの模様編み位置でそれぞれ8目ずつ増し目をし、メリヤス編みと模様編みを編みます。46段編んだら図を参照して、前後にまちを入れながら続けて編みます。まちの両端は増し目をして編み、24段編んだら前まちを残して目を休めます。前まちは往復編みでさらに16段編み、まち同士の編み終わりをメリヤスはぎにします。
足は左右それぞれ拾い目をして輪にし、メリヤス編みと模様編みで模様が続くように編みますが、61段めから図を参照して増し目をしながら編みます。
続けてガーター編みで編みますが、1段めで図を参照して減目をし、編み終わりは伏せ止めます。
平ゴムの端は3cm重ねて縫い、輪にします。1目ゴム編みを半分に折ってゴムをはさみ、巻きかがりますが、最後は2cmほどあけておきます。
ポケットは指でかける作り目をして編み、編み終わりは伏せ止めます。2枚編み、ズボンの後ろに巻きかがりでつけます。

※ポケットの編み方は page.45

まちのはぎ方

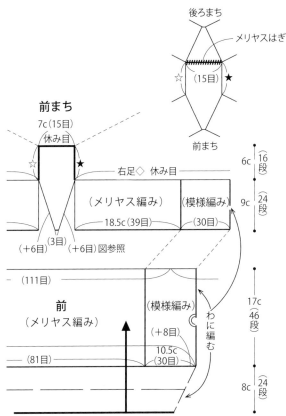

仕上げ方

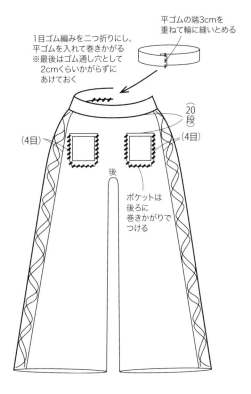

page.38 へ続く

まち部分の編み方

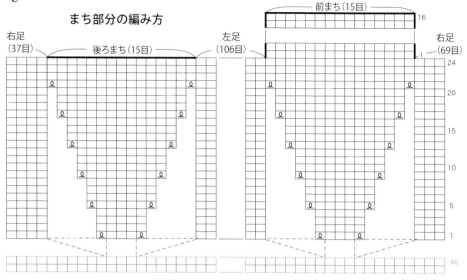

後ろまち（15目）　右足（37目）　左足（106目）　前まち（15目）　右足（69目）

メリヤス編み　　模様編み

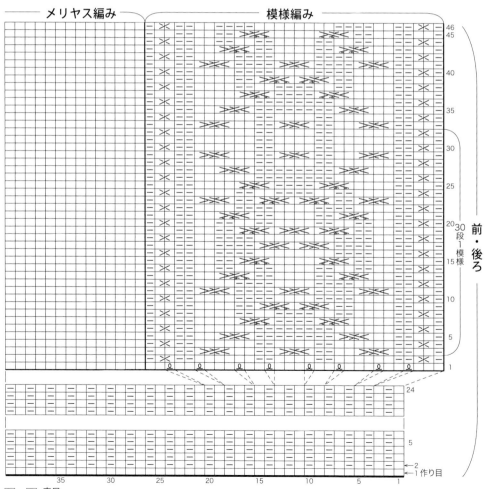

前・後ろ

30段1模様

□ =① 表目
② =ねじり増し目

足の増し目とガーター編みの減目

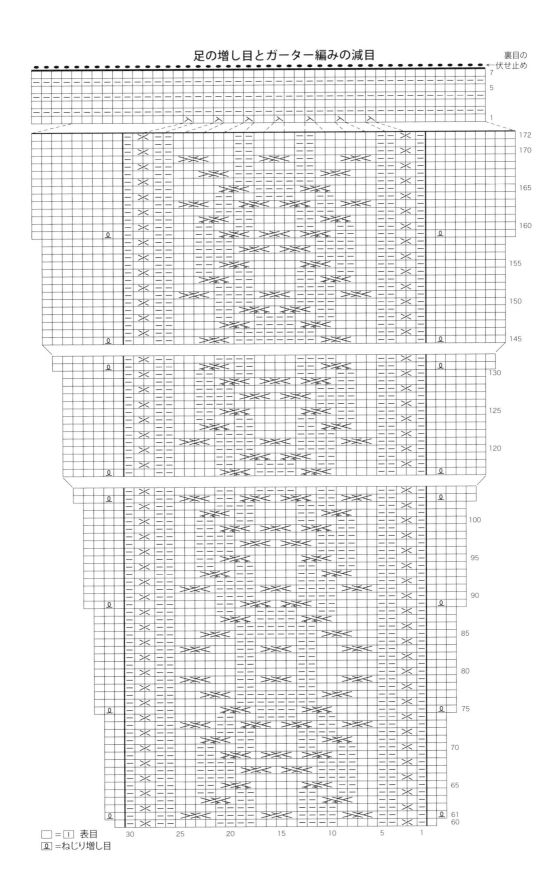

裏目の
←伏せ止め

□ =| 表目
回 =ねじり増し目

ドミノ編みのモチーフブランケット

〰 **材料と用具**

ハマナカ　カミーナ タム
生成り(201)120g、ブラウン(205)105g、イエロー(202)
80g
棒針7号、かぎ針6/0号針

〰 **できあがりサイズ**

幅110cm 丈74cm

〰 **ゲージ**

モチーフ12cm×12cm

〰 **編み方ポイント**

※モチーフは1枚ずつ、編みながらつなぎます。
指でかける作り目で41目作り、7号針で編みます。3段めから
は端の目をすべらせながら、奇数段で減目をし、配色をして
編みます。2枚めからは前モチーフから拾い目、または巻き目
で目を作りながら編みます(巻き目で1辺を作る場合、中央1
目分は巻き目に含むようにする)。かぎ針で縁編みを編んで
仕上げます。

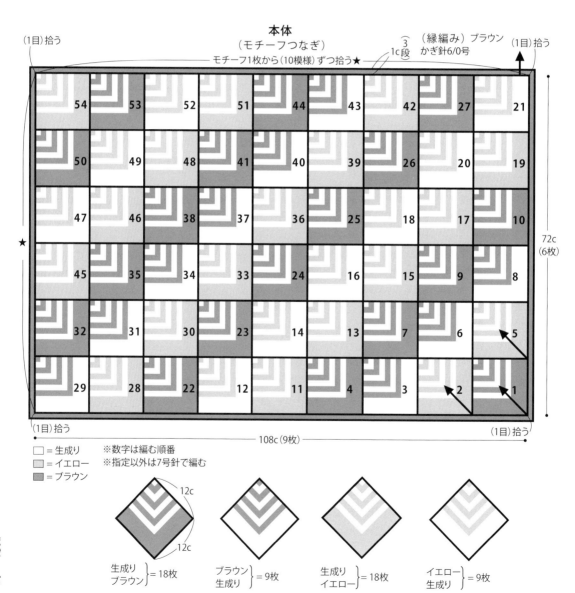

本体
（モチーフつなぎ）

(1目)拾う

モチーフ1枚から(10模様)ずつ拾う★

③1c段

（縁編み）ブラウン
かぎ針6/0号

(1目)拾う

54	53	52	51	44	43	42	27	21
50	49	48	41	40	39	26	20	19
47	46	38	37	36	25	18	17	10
45	35	34	33	24	16	15	9	8
32	31	30	23	14	13	7	6	5
29	28	22	12	11	4	3	2	1

★

72c
(6枚)

(1目)拾う

108c(9枚)

(1目)拾う

□ = 生成り
▨ = イエロー
▨ = ブラウン

※数字は編む順番
※指定以外は7号針で編む

生成り
ブラウン } = 18枚

ブラウン
生成り } = 9枚

生成り
イエロー } = 18枚

イエロー
生成り } = 9枚

12c
12c

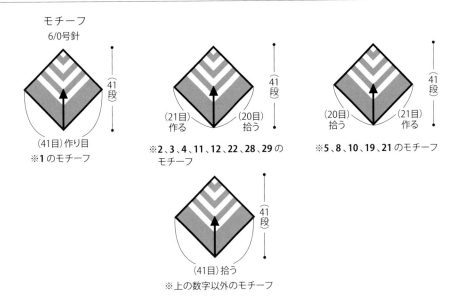

モチーフ
6/0号針

（41段）

（41目）作り目
※**1** のモチーフ

（21目）作る　（20目）拾う
（41段）
※**2**、**3**、**4**、**11**、**12**、**22**、**28**、**29** の
モチーフ

（20目）拾う　（21目）作る
（41段）
※**5**、**8**、**10**、**19**、**21** のモチーフ

（41目）拾う
（41段）
※上の数字以外のモチーフ

※縁編みの編み方は page.43

モチーフ

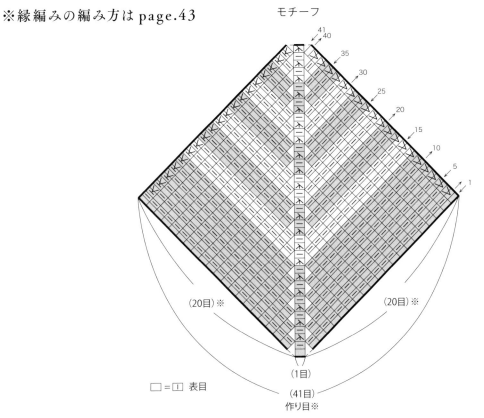

41 40
35
30
25
20
15
10
5
1

（20目）※　　　（20目）※

（1目）

□ ＝ □ 表目

（41目）
作り目※

※**1** のモチーフ以外は、上図を参照してそれぞれ、巻き目または拾い目をして編む

北欧テイストのポットマット

〰 **材料と用具**

ハマナカ　アメリー
Ⓐ 地糸 生成り(20)20g、配色糸 ダークグレー(30)10g
Ⓑ 地糸 ダークグレー(30)20g、配色糸 生成り(20)10g
かぎ針5/0号

〰 **できあがりサイズ**

縦17.5cm　横17.5cm

〰 **ゲージ**

10cm平方で細編みの編み込み模様25目×25段

〰 **編み方ポイント**

地糸で鎖編み41目作り、鎖の半目と裏山を拾って、配色糸を編みくるみながら細編みの編み込み模様で編みます。※配色のない段も同様に編みくるみます。41段編んだら糸を切ります。新しく糸をつけて縁編みを編み、指定の位置で鎖編みのループを編みます。

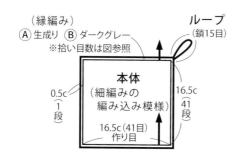

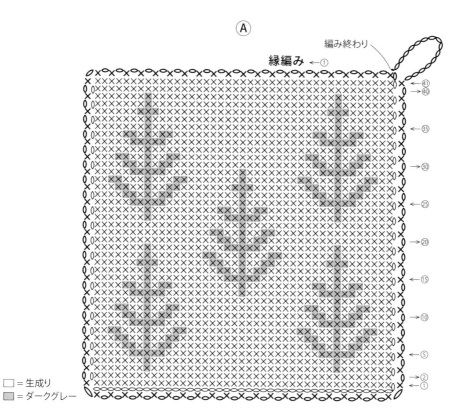

□ = 生成り
▨ = ダークグレー

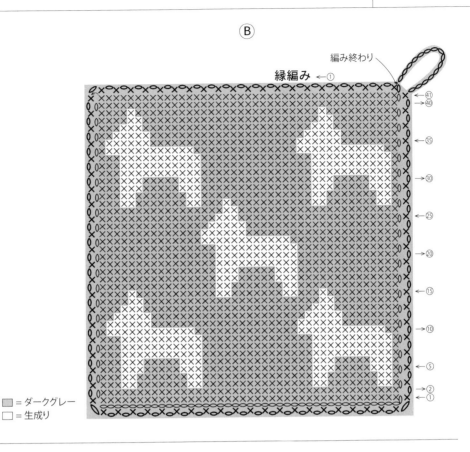

※ドミノ編みのモチーフブランケット 縁編み（page.41の続き）

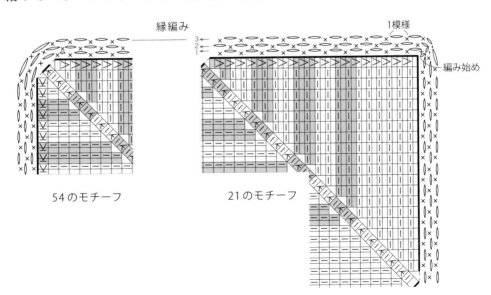

54のモチーフ

21のモチーフ

ビスケットみたいなクッション

材料と用具

ハマナカ　メンズクラブマスター
Ⓐ ライトブラウン（18）190g、生成り（1）40g
Ⓑ ダークブラウン（58）190g、生成り（1）40g
かぎ針8ミリ
ハマナカ　ネオクリーンわたわた（抗菌防臭わた H405-401）
各70g

できあがりサイズ

直径32cm　厚み6〜7cm

ゲージ

10cm平方で細編み10目×10.5段

編み方ポイント

※糸は2本どりで編みます。
本体はわの作り目をし、細編みを6目編み入れます。増し目をしながらぐるぐると15段編み、続けてバック細編みを1段編みます。同様にもう1枚編みます。クリームは生成りで鎖1目編み、パプコーン編みを30個編みます。本体を外表に合わせ、クリーム（パプコーン編み）をはさむようにして両端の2目の編み目と巻きかがります。途中でわたを入れます。

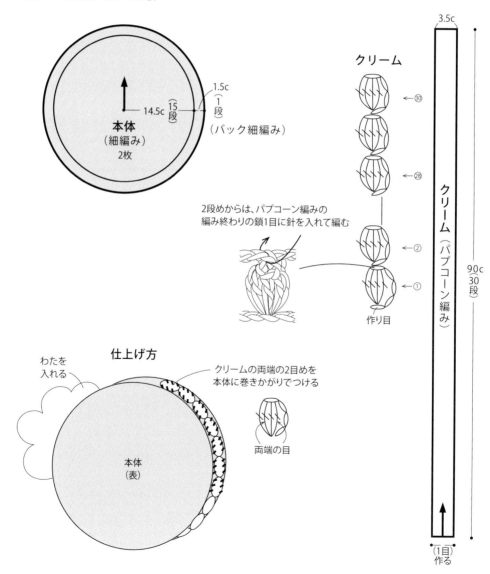

本体
（細編み）
2枚

14.5c　1.5c
⑮段

1段
（バック細編み）

クリーム

2段めからは、パプコーン編みの
編み終わりの鎖1目に針を入れて編む

作り目

クリーム（パプコーン編み）

3.5c

90c
30段

（1目）
作る

仕上げ方

わたを
入れる

クリームの両端の2目めを
本体に巻きかがりでつける

本体
（表）

両端の目

本体

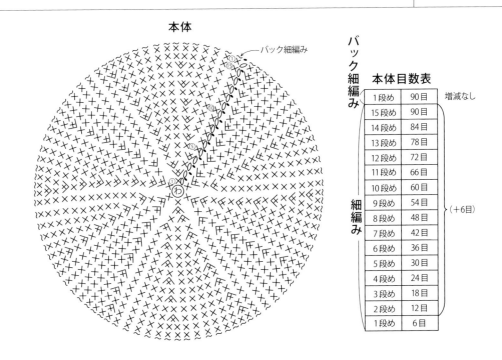

バック細編み

本体目数表

1段め	90目	増減なし
15段め	90目	
14段め	84目	
13段め	78目	
12段め	72目	
11段め	66目	
10段め	60目	
9段め	54目	(+6目)
8段め	48目	
7段め	42目	
6段め	36目	
5段め	30目	
4段め	24目	
3段め	18目	
2段め	12目	
1段め	6目	

バック細編み / 細編み

※部屋着にぴったりのゆるゆるズボン ポケット（page.39の続き）

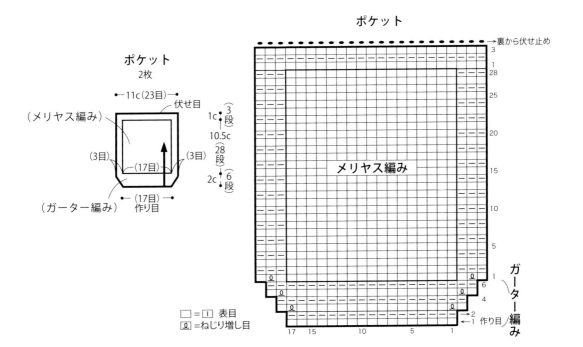

ポケット
2枚

（メリヤス編み）

—11c（23目）—
伏せ目

1c ┊3段

10.5c ┊28段

2c ┊6段

（3目） （17目） （3目）
（ガーター編み） 作り目

ポケット

→裏から伏せ止め

メリヤス編み

ガーター編み

作り目

□=☐ 表目
Ω=ねじり増し目

シンプルな丸首のセーター

〜〜〜 材料と用具

ハマナカ ソノモノ《超極太》
ライトブラウン（12）570g
棒針8ミリ、15号（輪針、または4本針）

〜〜〜 できあがりサイズ

胸囲105cm　着丈62cm　ゆき丈75cm

〜〜〜 ゲージ

10cm平方でメリヤス編み11目×15段

〜〜〜 編み方ポイント

ヨークは別鎖の作り目で68目作り輪にし、8ミリ針で図を参照してメリヤス編みで増し目をしながら編みます。30段編んだら目を休め、後身頃の前後差を往復編みで6段編みます。
前後身頃のまちは別鎖の作り目を8目ずつ作り、ヨークから拾い目をして8ミリ針でメリヤス編みで輪に編みます。48段編んだら針を15号に替えて1目ゴム編みで編み、編み終わりは表目は表目、裏目は裏目を編んで伏せ止めます。
袖は�ークと前後差、まちから拾い目をして8ミリ針でメリヤス編みで輪に編みます。袖下は図を参照して減目をし、56段編んだら針を15号に替えて1目ゴム編みで編みます。編み終わりは表目は表目、裏目は裏目を編んで伏せ止めます。
衿は作り目をほどいて拾い、15号針で1目ゴム編みで編み、編み終わりは表目は表目、裏目は裏目を編んで伏せ止めます。

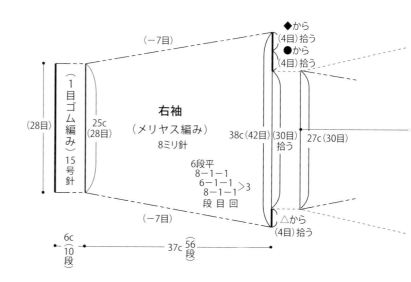

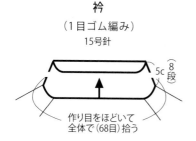

衿
（1目ゴム編み）
15号針

作り目をほどいて
全体で（68目）拾う

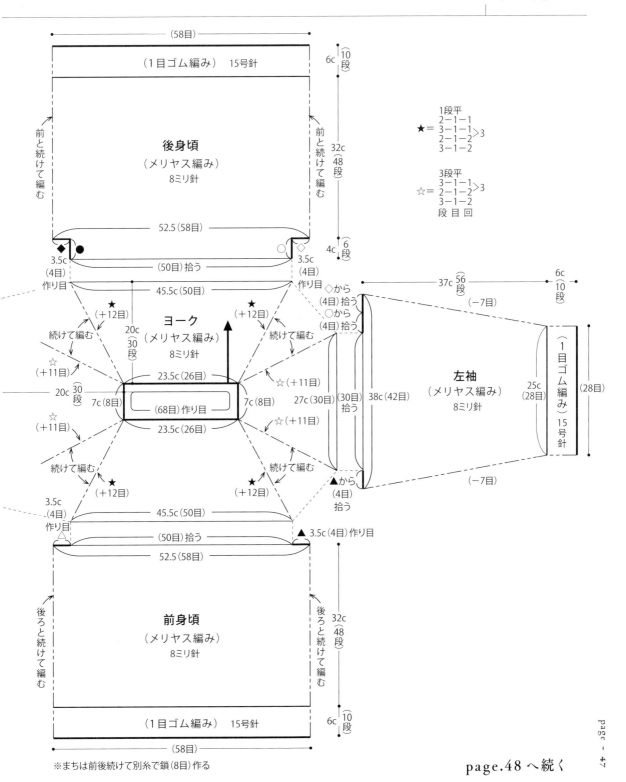

（58目）

（1目ゴム編み）　15号針

6c ⑩段

後身頃
（メリヤス編み）
8ミリ針

32c ⑱段

前と続けて編む

前と続けて編む

52.5（58目）

4c ⑥段

★＝
1段平
2−1−1
3−1−1 ＞3
2−1−2
3−1−2

☆＝
3段平
3−1−1
2−1−2 ＞3
3−1−2
段 目 回

3.5c
（4目）
作り目

◆ ●

○ ◇

3.5c
（4目）
作り目

（50目）拾う

45.5c（50目）

◇から
（4目）拾う
○から
（4目）拾う

37c ㊶段

（−7目）

6c ⑩段

ヨーク
（メリヤス編み）
8ミリ針

（+12目）★

★（+12目）

続けて編む

続けて編む

20c ㉚段

☆（+11目）

☆（+11目）

左袖
（メリヤス編み）
8ミリ針

（1目ゴム編み）　15号針

25c
（28目）

（28目）

20c ㉚段

7c（8目）

（68目）作り目

7c（8目）

27c（30目）

38c（42目）

☆（+11目）

☆（+11目）

（30目）拾う

23.5c（26目）

続けて編む

続けて編む

（+12目）★

★（+12目）

▲から
（4目）拾う

（−7目）

3.5c
（4目）
作り目

△

45.5c（50目）

▲ 3.5c（4目）作り目

（50目）拾う

52.5（58目）

前身頃
（メリヤス編み）
8ミリ針

32c ⑱段

後ろと続けて編む

後ろと続けて編む

（1目ゴム編み）　15号針

6c ⑩段

（58目）

※まちは前後続けて別糸で鎖（8目）作る

page.48 へ続く

page.47 の続き

表目は表目、裏目は裏目を編んで
←伏せ止め

前身頃から続けて編む

後身頃

(50目)拾う
休み目

ヨーク

左袖ヨーク(編み終わり)から続く

作り目

後身頃

後身頃(26目)作り目

右袖

右袖(8目)作り目

前身頃続く

前身頃ヨークく続く

休み目

Ｑ＝左にねじる増し目
Ｑ＝右にねじる増し目

□＝□＝表目

page－48

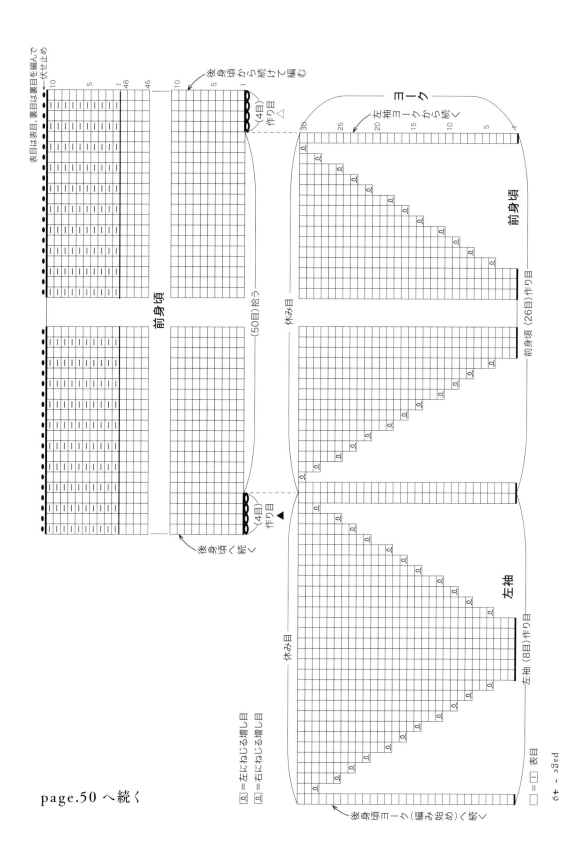

表目は表目、裏目は裏目を編んで
伏せ止め

10　　　5　　　1 48　45

後身頃から続けて編む

10　　5　　1
作り目（4目）△

ヨーク

前身頃

左袖ヨークから続く

30　　25　　20　　15　　10　　5　　1

前身頃

休み目

（50目）拾う

前身頃（26目）作り目

前身頃

後身頃続く

作り目（4目）▲

左袖

休み目

左袖（8目）作り目

🔲＝左にねじる増し目
🔲＝右にねじる増し目

□＝Ⅰ＝表目

後身頃ヨーク（編み始め）続く

page.50 へ続く

page.49 の続き

右袖

表目は表目、
裏目は裏目を編んで
← 伏せ止め

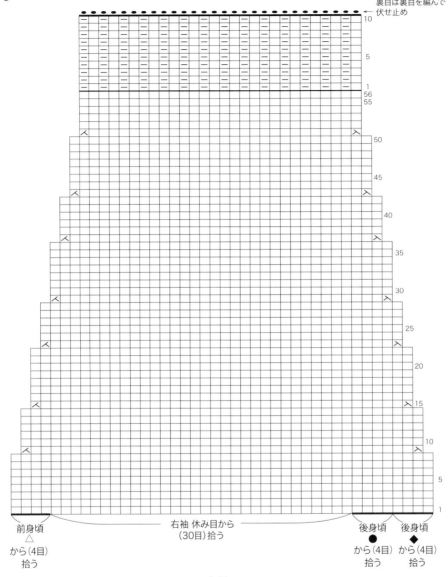

前身頃
△
から(4目)
拾う

―――― 右袖 休み目から ――――
(30目)拾う

後身頃
●
から(4目)
拾う

後身頃
◆
から(4目)
拾う

左袖

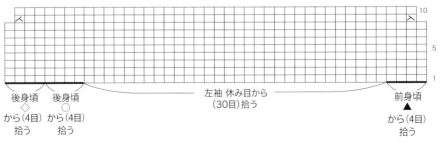

後身頃
◇
から(4目)
拾う

後身頃
○
から(4目)
拾う

―――― 左袖 休み目から ――――
(30目)拾う

前身頃
▲
から(4目)
拾う

□ = I 表目

材料と用具

ハマナカ　ソノモノ アルパカウール《並太》
ダークグレー（65）110g
棒針7号、6号（共に、輪針または4本針）

できあがりサイズ

脚回り約26cm　長さ40cm

ゲージ

10cm平方で模様編み22目×32段（6号針）、21目×28段（7号針）

編み方ポイント

指でかける作り目で54目作って輪にし、6号針で1目ゴム編みを編みます。7段編んだら、模様編みで84段編みます。続けて、7号針に変えて12段編みます。新しく糸をつけ、往復編みで22段編みます（スリットを作る）。編み終わりはメリヤス部分は表目、かの子部分は表目は裏目、裏目は表目を編んで伏せ止めます。

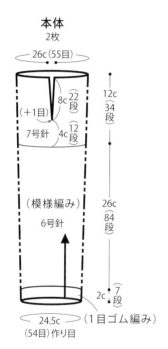

本体
2枚

26c（55目）

12c
（34段）

8c（22段）
（+1目）
7号針
4c（12段）

（模様編み）
6号針

26c
（84段）

2c（7段）

24.5c（1目ゴム編み）
（54目）作り目

※（+1目）の位置は左右で変更
（図参照）

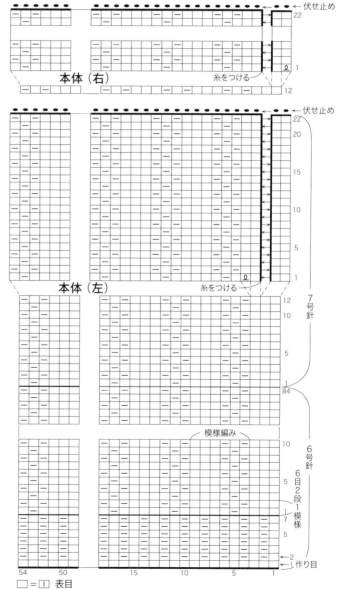

本体（右）

本体（左）

模様編み

伏せ止め

糸をつける

□ = ┃ 表目
⚲ = ねじり増し目

ポケットつきの腹巻き

材料と用具

ハマナカ　エクシードウールL《並太》
Ⓐ ①グレー（827）60g ②薄黄緑（837）40g ③グリーン（847）40g
Ⓑ ①白（801）60g ②ピンク（842）40g ③グレー（827）40g
棒針7号（輪針または4本針）

できあがりサイズ

腰回り64.cm 丈23cm

ゲージ

10cm平方で模様編み26目×27段、メリヤス編み20目×31段

編み方ポイント

本体は、①で、指でかける作り目で168目作り輪にし、1目ゴム編みを編みます。4段編んだら、模様編み縞で配色をしながら55段編みます。再び①で1目ゴム編みを編み、編み終わりは表目は表目、裏目は裏目を編んで伏せ止めます。
ポケットは、①で、指でかける作り目で30目作ってガーター編みとメリヤス編みで編み、編み終わりは伏せ止めます。本体の裏側に、巻きかがりでつけます。

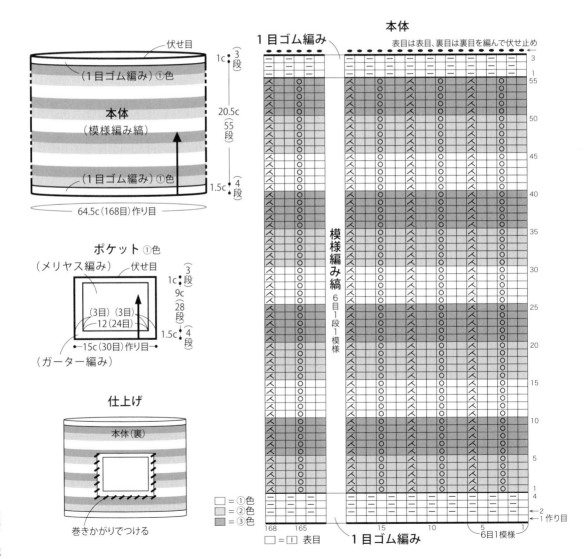

伏せ目
（1目ゴム編み）①色
本体
（模様編み縞）
（1目ゴム編み）①色
1c（3段）
20.5c 55段
1.5c（4段）
64.5c（168目）作り目

ポケット ①色
（メリヤス編み）　伏せ目
（3目）（3目）
12（24目）
1c（3段）
9c（28段）
1.5c（4段）
15c（30目）作り目
（ガーター編み）

仕上げ
本体（裏）
巻きかがりでつける

本体
1目ゴム編み
表目は表目、裏目は裏目を編んで伏せ止め
模様編み縞
6目1段1模様
1目ゴム編み
6目1模様

□ ＝①色
▨ ＝②色
▦ ＝③色
□ ＝① 表目

ポケット

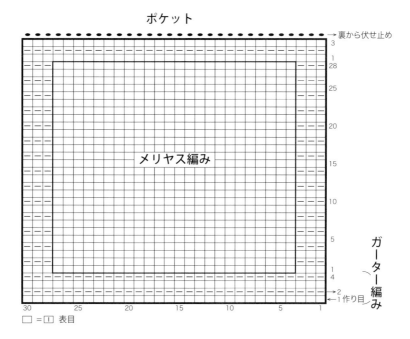

□ = □ 表目

※大人と子どもが一緒に使うミトン 子ども用記号図（page.67 の続き）

子ども用

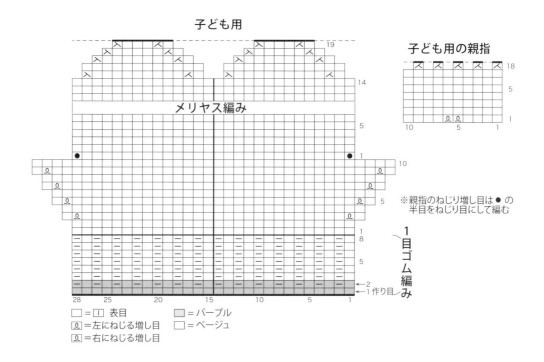

子ども用の親指

※親指のねじり増し目は ● の
半目をねじり目にして編む

□ = □ 表目　　▨ = パープル
ℒ = 左にねじる増し目　　□ = ベージュ
ℛ = 右にねじる増し目

足元のあったかグッズ3種　A：ゆったり靴下

〰️ **材料と用具**

ハマナカ　ソノモノ アルパカウール《中細》
ベージュ（172）75g
棒針4号（輪針または4本針）

〰️ **できあがりサイズ**

底丈23cm　丈24cm

〰️ **ゲージ**

10cm平方で模様編み32目×40段、メリヤス編み27目×40段

〰️ **編み方ポイント**

指でかける作り目で72目作り輪にし、模様編みで編みます。かかとは甲側の目を休め、模様編みで往復に編みます。かかと底はかかとの目を拾いながらメリヤス編みで往復に編みます。まちと足まわりは★と☆から拾い目をして輪にし、底側はメリヤス編み、甲側は模様編みで編みます。つま先は減目をしながらメリヤス編みで編み、編み終わりの残った目はメリヤスはぎにします。

仕上げ方

丈24cm

底丈23cm

つま先は
メリヤスはぎ

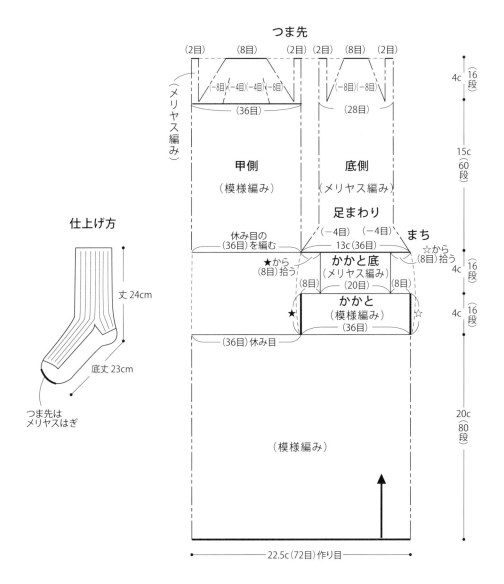

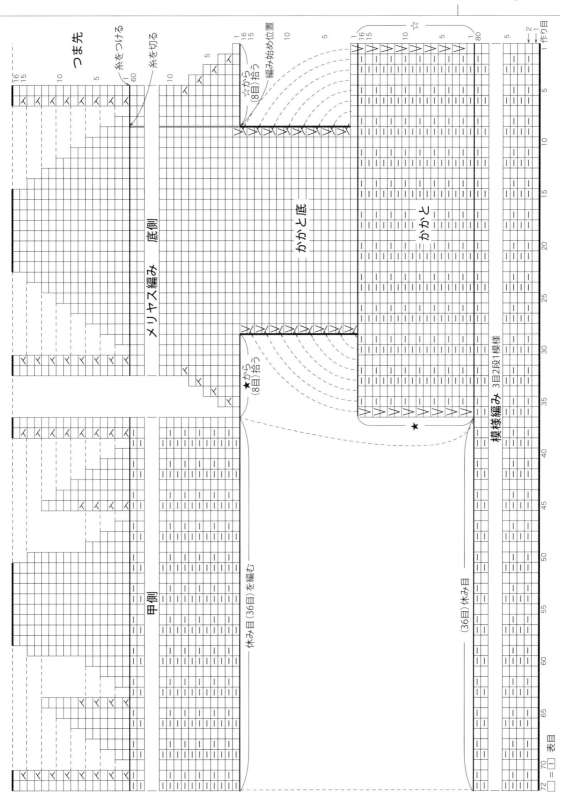

つま先

糸をつける

糸を切る

編み始め位置

☆から
(8目)拾う

★から
(8目)拾う

メリヤス編み　底側

かかと底

かかと

甲側

休み目(36目)を編む

(36目)休み目

模様編み 3目2段1模様

□=|
表目

足元のあったかグッズ3種　C：ぴったり靴下

材料と用具

グリーン系
ハマナカ　ラブックス《マルチカラー》黄緑・オレンジ・ブルーグレー系(502)45g
ハマナカ　コロポックル　グリーン(12)15g
グレー系
ハマナカ　ラブックス《マルチカラー》黒・カーキ・茶系(508)45g
ハマナカ　コロポックル　グレー(14)15g
棒針3号(輪針または4本針)

できあがりサイズ

底丈23cm　丈20cm

ゲージ

10cm平方でメリヤス編み(ラブックス)28目×41段、(コロポックル)28目×40段

編み方ポイント

ラブックスで指でかける作り目で56目作り輪にし、2目ゴム編みで編み、15段編んだら続けてメリヤス編みで編みます。かかとは甲側の目を休め、コロポックルで往復に減目をしながら編み、かかと底はかかとの目を拾いながら編みます。足まわりはラブックスで、底側と休めていた甲側の目を合わせて輪にして編みます。つま先はコロポックルで減目をしながら編み、編み終わりの残った目はメリヤスはぎにします。

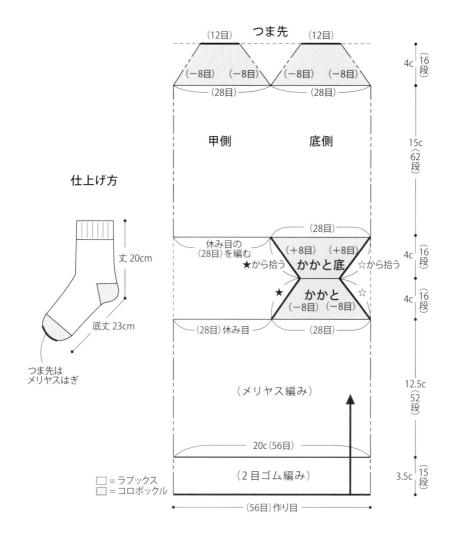

仕上げ方

丈 20cm

底丈 23cm

つま先はメリヤスはぎ

つま先

(12目)　(12目)

(−8目)(−8目)　(−8目)(−8目)

(28目)　(28目)

甲側　底側

4c(16段)

15c(62段)

休み目の(28目)を編む

(28目)

(+8目)(+8目)

★から拾う　かかと底　☆から拾う

★　かかと　☆
(−8目)(−8目)

(28目)休み目　(28目)

4c(16段)

4c(16段)

(メリヤス編み)

20c(56目)

12.5c(52段)

(2目ゴム編み)

3.5c(15段)

(56目)作り目

□ = ラブックス
□ = コロポックル

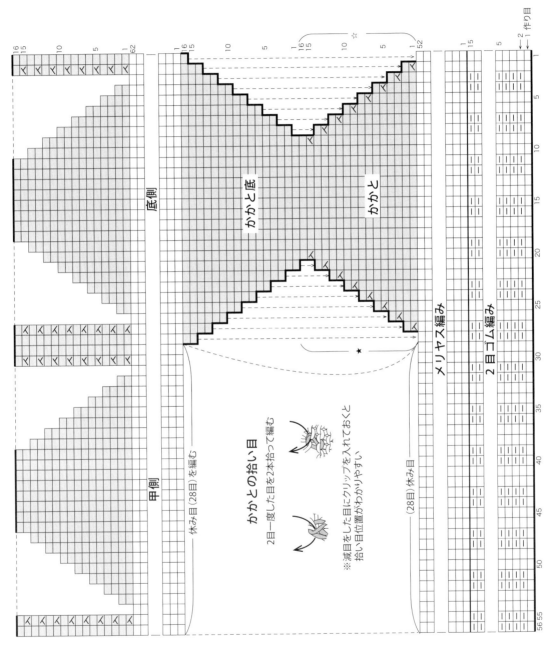

かかとの拾い目
2目一度した目を2本拾って編む

※減目をした目にクリップを入れておくと
拾い目位置がわかりやすい

メリヤス編み

2目ゴム編み

底側

甲側

かかと底

かかと

休み目（28目）を編む

（28目）休み目

□ = □ 表目
□ = ラブックス
□ = ココボックル

ロングハンドウォーマー

〰 材料と用具

ハマナカ　アメリー　エフ《ラメ》生成り（601）40g、グリーン
（606）16g
棒針5号、4号（輪針または4本針）

〰 できあがりサイズ

腕回り約21.5cm　長さ34cm

〰 ゲージ

10cm平方で模様編み31.5目×34段（4号針）、29.5目×31.5
段（5号針）

〰 編み方ポイント

生成りで、指でかける作り目で63目作り輪にし、5号針で模
様編みを編みます。57段編んだら、4号針に替えて模様編み
縞で配色をしながら編みますが、26段めからは往復編みで
13段編み、親指穴を作ります。39段めからは再び輪にして
編み、編み終わりは表目は表目、裏目は裏目を編んで伏せ止
めます。

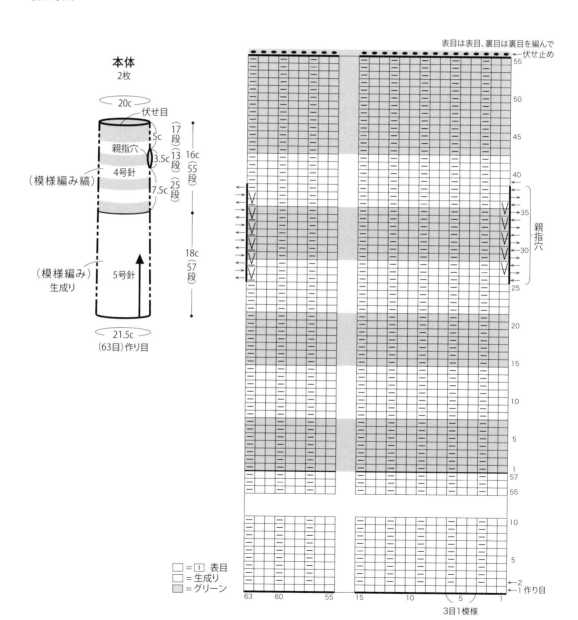

本体
2枚

20c
伏せ目
5c
親指穴
4号針
（模様編み縞）
3.5c
7.5c
16c（55段）
（17段）
（13段）
（25段）

（模様編み）
生成り
5号針
18c（57段）

21.5c
（63目）作り目

表目は表目、裏目は裏目を編んで
伏せ止め
55
50
45
40
35
30
25
20
15
10
5
1
57
55
親指穴

10
5
2
1作り目

□=｜表目
□=生成り
▨=グリーン

63　60　55　15　10　5　1
3目1模様

4way ショール

材料と用具

ハマナカ　ソノモノ　ヘアリー
生成り(121)75g、ライトブラウン(122)40g
棒針7号
ボタン(直径23ミリ)10個

できあがりサイズ

幅48cm　長さ135cm

ゲージ

10cm平方で模様編み17目×21段、ガーター編み18目×31段

編み方ポイント

ライトブラウンで、指でかける作り目で243目作り、ガーター編みで編みます。5段めでボタンホールを編み、10段めで減目をします。続けて、1目ゴム編みと模様編みで24段編みます。糸を生成りに替えて64段編みます。続けて、ガーター編みで編みますが、1段めで増し目をし、5段めでボタンホールを編みます。編み終わりは伏せ止めます。編み始め側と編み終わり側にボタンをつけて仕上げます。

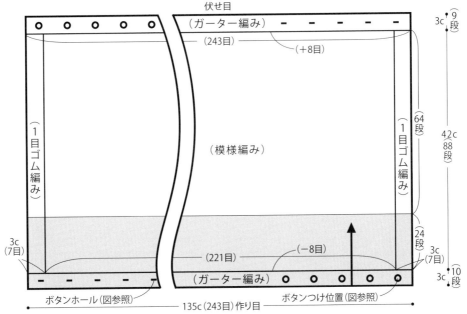

伏せ目
（ガーター編み）
（243目）
（+8目）
3c 9段
（1目ゴム編み）
（模様編み）
（1目ゴム編み）
64段
42c（88段）
3c（7目）
（221目）
（-8目）
24段
3c（7目）
3c 10段
（ガーター編み）
ボタンホール(図参照)
ボタンつけ位置(図参照)
135c（243目）作り目

□ ＝生成り
□ ＝ライトブラウン
－ ＝ボタンホール（編み位置は記号図参照）
◎ ＝ボタン（つけ位置は記号図参照）

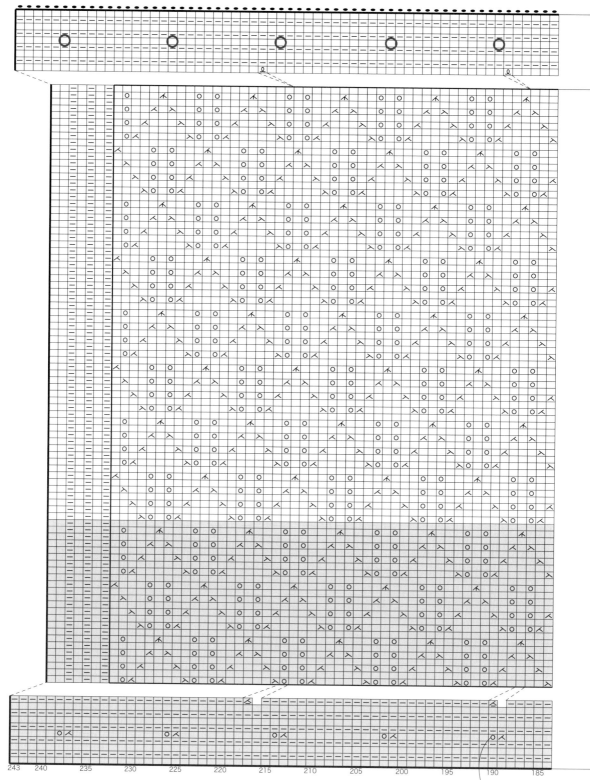

243 240 235 230 225 220 215 210 205 200 195 190 185

□ =Ⅰ 表目　Ω =ねじり増し目

ボタンホール

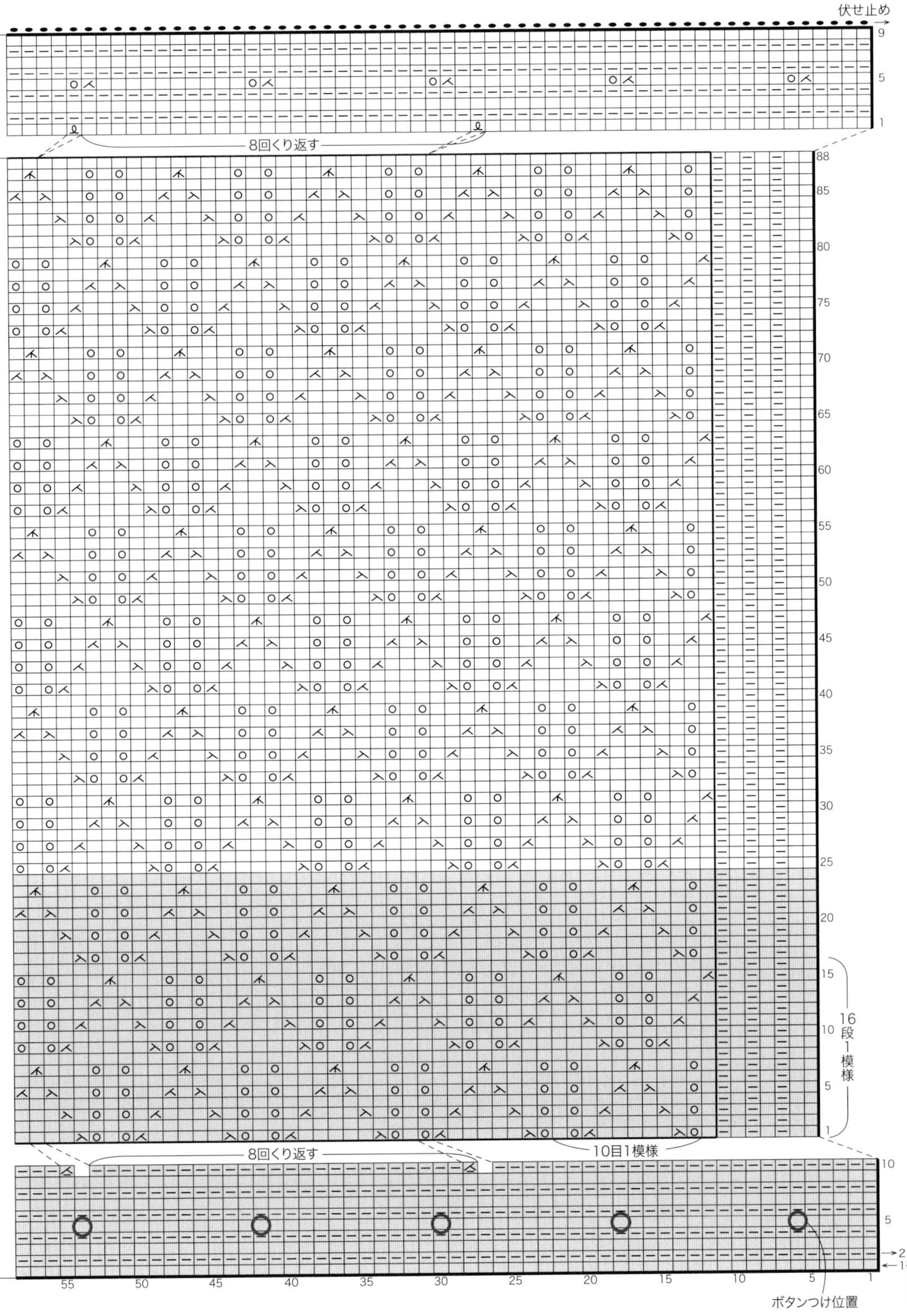

伏せ止め

9
5
1

8回くり返す

88
85
80
75
70
65
60
55
50
45
40
35
30
25
20
15
10
5
1

8回くり返す

10目1模様

16段1模様

10
5
2
1
作り目

55　50　45　40　35　30　25　20　15　10　5

ボタンつけ位置

page - 61

チョコレートカラーの水玉ひざかけ

∾ 材料と用具

ハマナカ　カミーナ ループ
ブラウン（105）270g、ピンク（106）60g、生成り（101）40g
かぎ針7/0号

∾ できあがりサイズ

横101cm　縦67.5cm

∾ ゲージ

10cm平方で細編みの編み込み模様20目×21段

∾ 編み方ポイント

ブラウン（地糸）で鎖編み196目作り、鎖の半目と裏山を拾って、細編みの編み込み模様で編みます。地糸を編むときは配色糸は編みくるず、1つの水玉模様を260cmの糸で（水玉の数分、測って切っておく）縦に糸を渡しながら編みます。配色糸を編むときは、地糸を編みくるみながら編みます。縁編みは続けて地糸で1段編み、色をピンクに替えて、もう1段編みます。

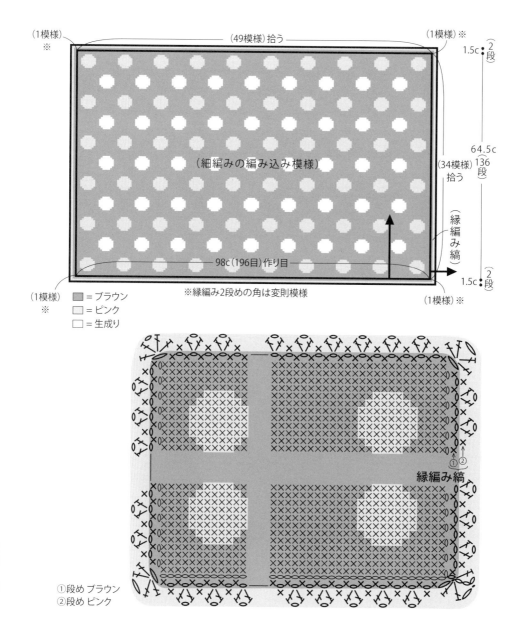

（1模様）
※
（49模様）拾う
（1模様）※

1.5c ∙ 2段

64.5c 136段
（34模様）拾う

（細編みの編み込み模様）

98c（196目）作り目

（縁編み縞）

1.5c ∙ 2段

（1模様）
※
（1模様）※

■ ＝ ブラウン
□ ＝ ピンク
□ ＝ 生成り

※縁編み2段めの角は変則模様

縁編み縞
①②

①段め ブラウン
②段め ピンク

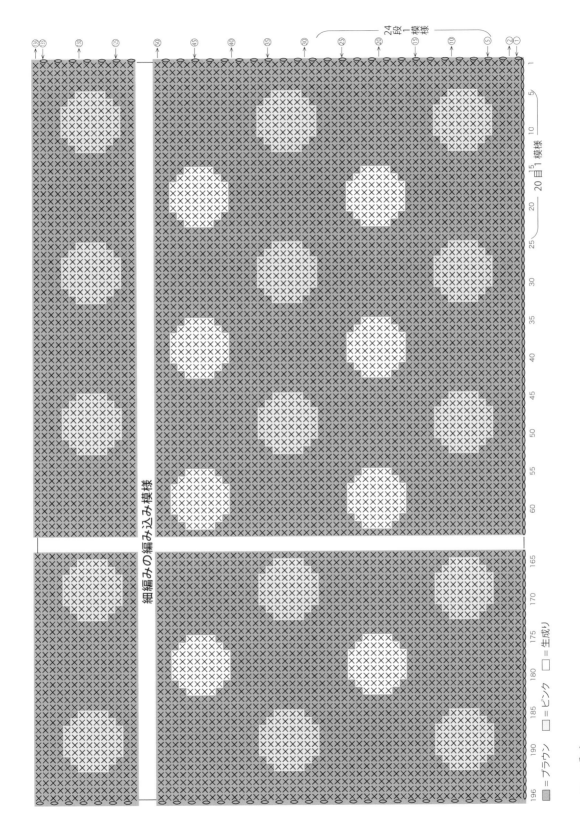

細編みの編み込み模様

■ = ブラウン　□ = ピンク　□ = 生成り

つけ襟にもなるヘアバンド

〰 **材料と用具**

ハマナカ　エクシードウールFL《合太》
ライトブラウン（703）80g
かぎ針5/0号
ボタン（直径20ミリ）2個

〰 **できあがりサイズ**

幅11cm　丈55.5cm

〰 **ゲージ**

10cm平方で模様編み28.5目×13段

〰 **編み方ポイント**

鎖編み30目作り、鎖の半目と裏山を拾って、細編みを編みます。2段編んだら、続けて模様編みを70段編み、続けて細編みを2段編みます。縁編みは細編みの編み終わりから糸を切らずに続けて編み、ボタンをつけて仕上げます（ボタンホールは編み目のすき間を利用する）。

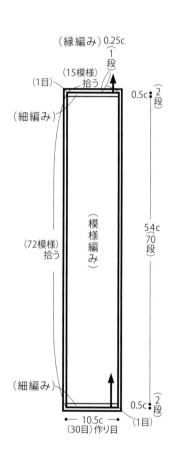

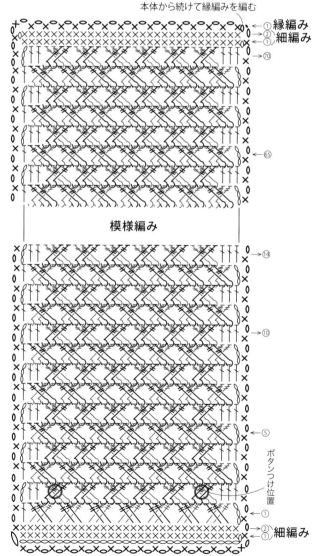

本体から続けて縁編みを編む

① 縁編み
② 細編み
①
⑦⓪

⑥⑤

模様編み

⑭

⑩

⑤

ボタンつけ位置

①

② 細編み
①

素足でも温かいルームシューズ

photo page. 28

〰〰 **材料と用具**

ハマナカ ソノモノ グラン 生成り(161)85g
かぎ針8/0号、7/0号
ハマナカ 室内履き用 フェルト底 H204-594(23cm)

〰〰 **できあがりサイズ**

底23cm 履き口20cm

〰〰 **ゲージ**

10cm平方で模様編み12目×10段

〰〰 **編み方ポイント**

7/0号針でフェルト底の穴に細編みを1周編みつけます。甲は8/0号針で鎖24目作り、鎖の裏山を拾って、模様編みを編みますが、1段めの長編みを裏の段として使います。偶数段を表の段として図を参照し、増し目と減目をしながら編み、同様にもう1枚ずつ編みます。底と甲の合印位置を細編みで合わせます。続けて、履き口にも縁編み(細編み)を編みます。

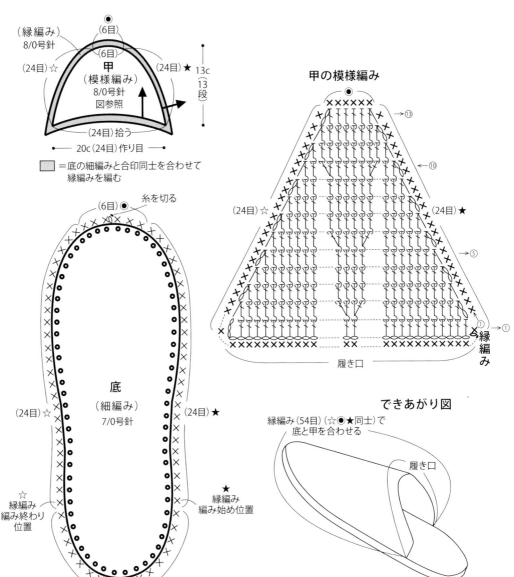

(縁編み)8/0号針
(6目)◉
(6目)
(24目)☆ 甲 (24目)★
(模様編み)
8/0号針
図参照
13c(13段)
(24目)拾う
20c(24目)作り目

▨ =底の細編みと合印同士を合わせて縁編みを編む

甲の模様編み
→⑬
→⑩
(24目)☆ (24目)★
→⑤
①←
縁編み
履き口

(6目)◉ 糸を切る
底
(細編み)
7/0号針
(24目)☆ (24目)★
☆
縁編み
編み終わり
位置
★
縁編み
編み始め位置
(16目)

できあがり図
縁編み(54目)(☆◉★同士)で
底と甲を合わせる
履き口

大人と子どもが一緒に使うミトン

〰 **材料と用具**
ハマナカ　アメリー
パープル（43）40g、ベージュ（21）20g
棒針6号、5号（輪針または4本針）

〰 **できあがりサイズ**
親用　手のひら周り20cm　丈24cm
子ども用　手のひら周り14cm　丈12.5cm

〰 **ゲージ**
10cm平方でメリヤス編み20目×29段

〰 **編み方ポイント**
親用…本体はベージュで指でかける作り目で40目作り輪にし、5号針で1目ゴム編み縞で編みます。3段編んだら糸を替え、18段編んだら針を6号に替えてメリヤス編みで編み、親指部分は増し目をします。18段編んだら親指部分を休み目にします。続けて、本体を輪で編み、図を参照して指先の減目を編みます。編み終わりは前後を合わせてメリヤスはぎにします。親指は休み目から図のように拾い目をしてメリヤス編みで編み、編み終わりは残った目に糸を通して絞ります。重ねる子ども用手袋は、ベージュで本体と同じ作り目をして6号針で往復編みのメリヤス編みで編み、親指部分は増し目をしながら編みます。14段編んだら親指部分を休み目にし、続けて編み、編み終わりは伏せ止めます。休み目から目を拾い親指を編み、編み終わりは同様にします。本体は同様にもう1枚、子ども用は左右対称にもう1枚編みます。親用に子ども用を重ね、手の入る部分を開けて巻きかがりでつけます。
子ども用…親用本体と同じ要領で編みますが、配色に注意します。

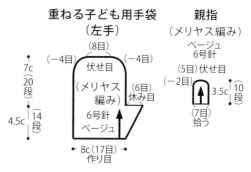

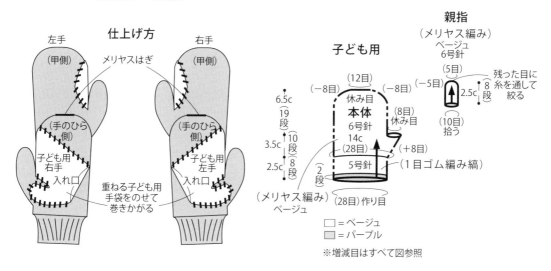

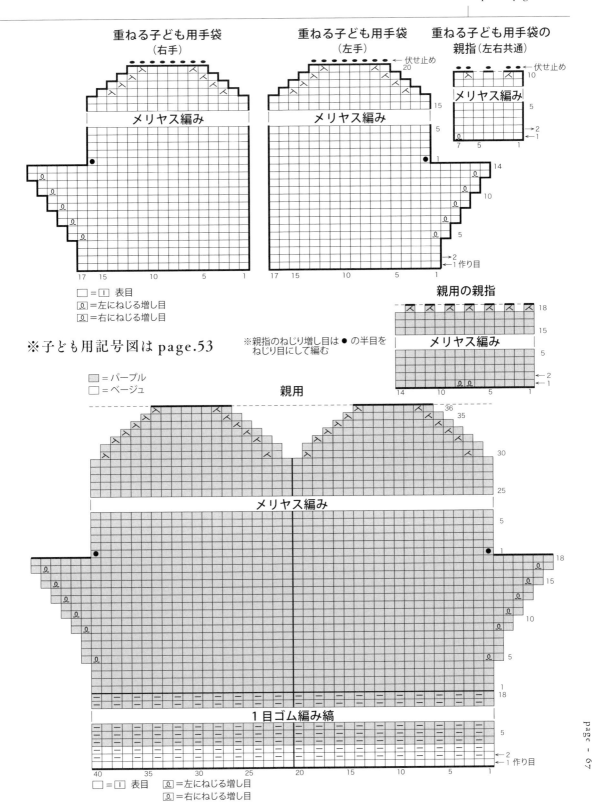

重ねる子ども用手袋
（右手）

重ねる子ども用手袋
（左手）

重ねる子ども用手袋の
親指（左右共通）

メリヤス編み

メリヤス編み

←伏せ止め
メリヤス編み

□ ＝ 表目
☖ ＝左にねじる増し目
☖ ＝右にねじる増し目

※子ども用記号図は page.53

※親指のねじり増し目は ● の半目を
ねじり目にして編む

＝ パープル
＝ ベージュ

親用の親指
親用の親指
メリヤス編み

親用

メリヤス編み

１目ゴム編み縞

□ ＝ 表目   ☖ ＝左にねじる増し目
☖ ＝右にねじる増し目

ネックウォーマーとしても使えるバラクラバ

材料と用具

ハマナカ　エクシードウールL《並太》　グリーン（847）195g
かぎ針6/0号
ボタン（直径23ミリ）2個

できあがりサイズ

顔回り58cm　深さ44cm

ゲージ

模様編みA10cm19目×4cm6段、10cm平方で模様編みB19
目×10段

編み方ポイント

鎖編み167目作り、鎖の裏山を拾って、模様編みAを編みます。3段めの編み終わり側でボタンホールを編み、6段編んだら、続けて模様編みBを編みますが、11段めからは図を参照して中央で減目をしながら編みます。編み終わりの長編みの頭を半目ずつ巻きかがりで合わせます。縁編みを編み、ボタンをつけて仕上げます。

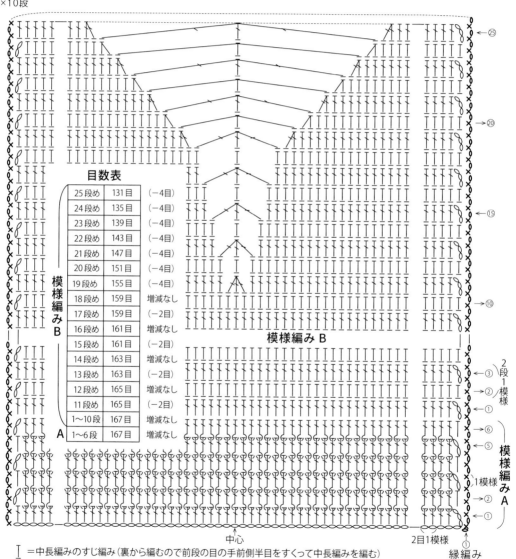

目数表

25段め	131目	（−4目）
24段め	135目	（−4目）
23段め	139目	（−4目）
22段め	143目	（−4目）
21段め	147目	（−4目）
20段め	151目	（−4目）
19段め	155目	（−4目）
18段め	159目	増減なし
17段め	159目	（−2目）
16段め	161目	増減なし
15段め	161目	（−2目）
14段め	163目	増減なし
13段め	163目	（−2目）
12段め	165目	増減なし
11段め	165目	（−2目）
1〜10段	167目	増減なし
1〜6段	167目	増減なし

模様編みB

模様編みA

中心

2目1模様

縁編み

I ＝中長編みのすじ編み（裏から編むので前段の目の手前側半目をすくって中長編みを編む）

I ＝長編みのすじ編み（前段の目の向こう側半目をすくって長編みを編む）

I ＝長編みの表引き上げ編み（裏から編むときは裏引き上げ編みを編む）

I ＝長編みの裏引き上げ編み（裏から編むときは表引き上げ編みを編む）

アラン模様の湯たんぽカバー

～ 材料と用具

ハマナカ　アメリー　オレンジレッド(55)65g
棒針6号(輪針または4本針)
横20cm×縦26cmの湯たんぽ

～ できあがりサイズ

本体 幅22cm、丈28cm　入れ口 幅13cm、
丈7cm

～ ゲージ

10cm平方で模様編み28目×26.5段、メリヤ
ス編み19目×26.5段

～ 編み方ポイント

本体は、指でかける作り目で68目作り輪にし、メリヤス編みと模様編みで編みます。図を参照して両端2目立てて、増し目と減目をして編みます。続けて、2目ゴム編みを編み、編み終わりは表目は表目、裏目は裏目を編んで伏せ止めます。底(作り目)を巻きかがり、仕上げます。

※記号図は page.70

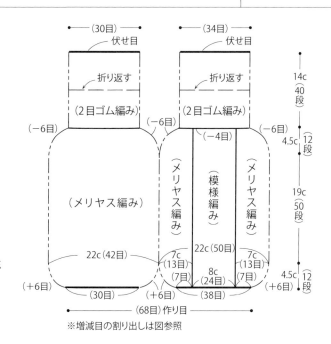

※増減目の割り出しは図参照

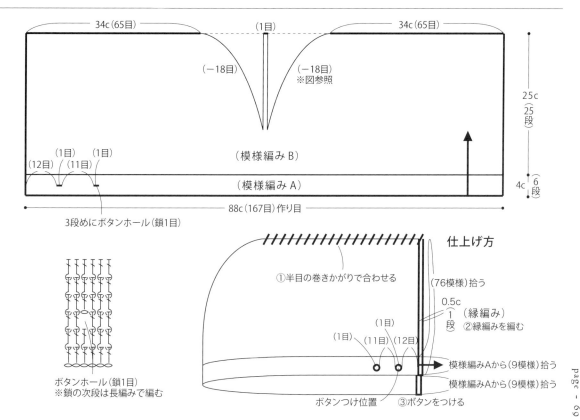

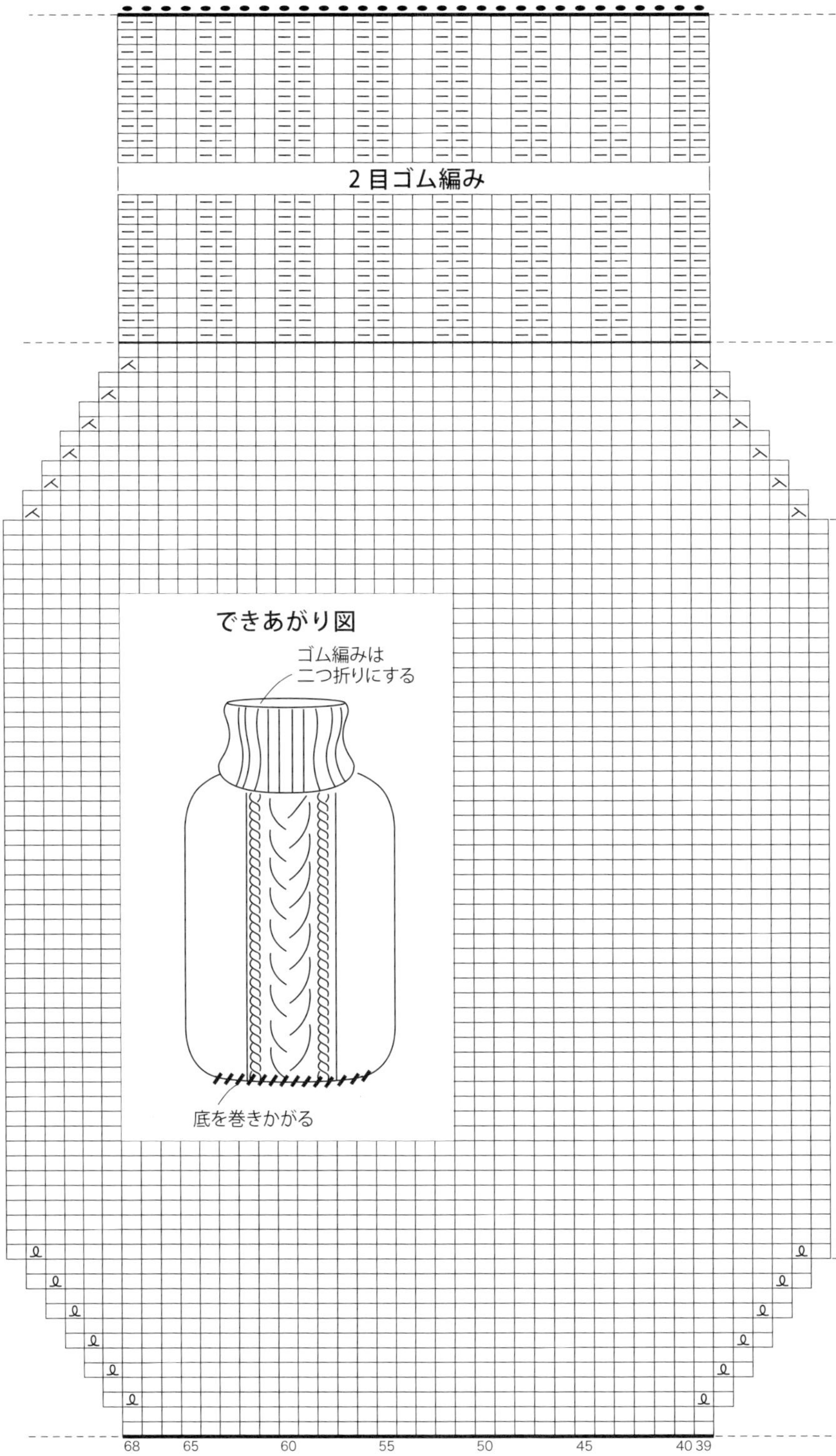

2目ゴム編み

できあがり図

ゴム編みは
二つ折りにする

底を巻きかがる

68　65　　60　　　55　　　50　　　45　　40 39

□ = ① 表目
Ω = ねじり増し目

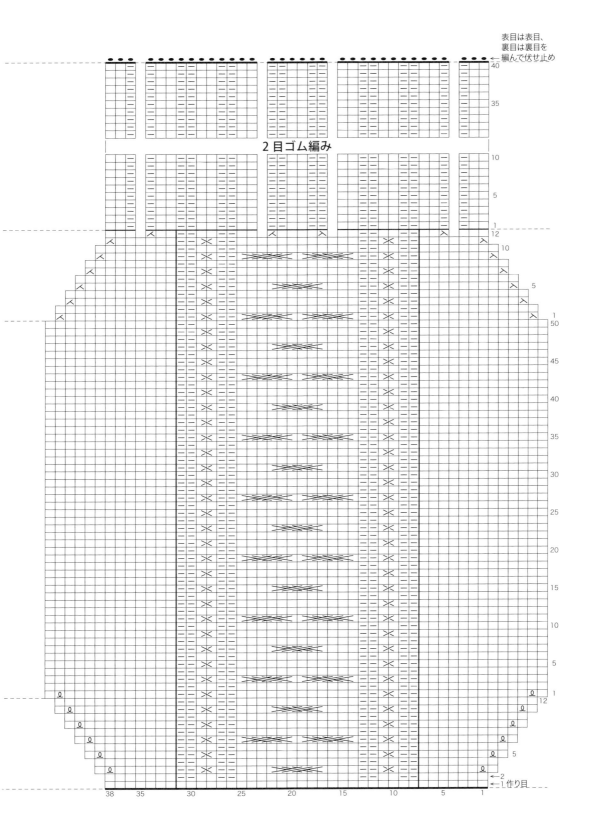

表目は表目、
裏目は裏目を
←編んで伏せ止め

2目ゴム編み

棒針編みの基礎

指でかける作り目

糸端側を必要寸法の3.5倍とって、棒針を使って作り目をします。このとき、目をあまりきつく締めすぎると、編み地の端がつれたような仕上がりになってしまうので、編み地で使用する針よりも1〜2号太めの針で少しゆるめに作ります。

1.
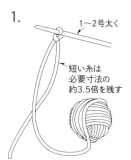
1〜2号太く
短い糸は
必要寸法の
約3.5倍を残す

2.

糸端側

3.
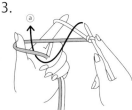

4.
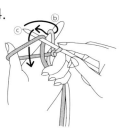
a、b、cの順に糸をくぐらせる

5.

親指を糸からはずし、矢印の方の糸にかける

6.

糸をゆるめに引きしめる

7.

糸端側

3〜6をくり返し、必要目数を作る
これが1段めとなる

作り目を輪にする　※4本棒針で編む場合

1.
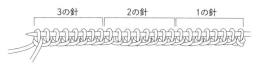
3の針　　2の針　　1の針

作り目を必要目数作り、3本の棒針に分ける

2.
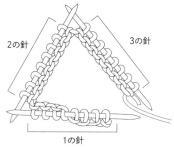
2の針　　3の針
1の針

編み目がねじれないように三角形にして輪にする

メリヤスはぎ

1.
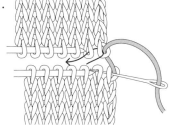

2.
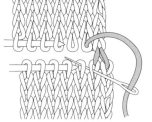

3.
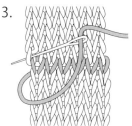

鎖の作り目→裏山を拾う→鎖目を解いて目を拾う

別糸で鎖編みを編み、編み糸で裏山を拾いながら目を作る方法です。
端にゴム編みなどをつける場合は、最後に別糸をほどいて、反対方向に編み進みます。

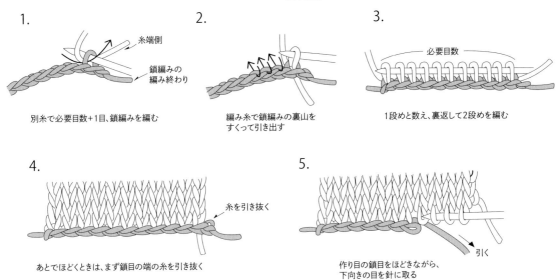

1.

別糸で必要目数＋1目、鎖編みを編む

2.

編み糸で鎖編みの裏山を
すくって引き出す

3.

必要目数

1段めと数え、裏返して2段めを編む

4.

糸を引き抜く

あとでほどくときは、まず鎖目の端の糸を引き抜く

5.

引く

作り目の鎖目をほどきながら、
下向きの目を針に取る

残りの目に糸を通して絞る

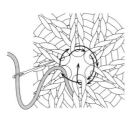

とじ針に残り糸を通し、最終段の目を
1目おきに拾って糸を2回通し、絞る

糸を横に渡す編み込み

＜裏側から見たところ＞

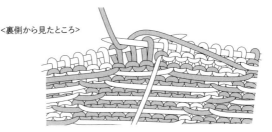

ベースの糸を休ませて配色糸で編み、裏側に糸を渡しながら
模様を編む。裏の糸が図のように平らに渡るように編む

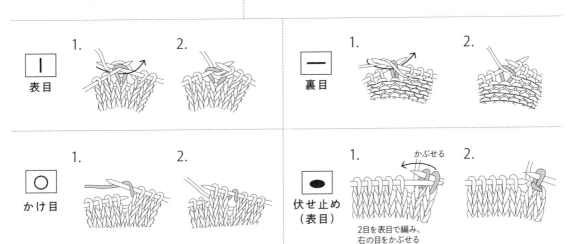

表目		
1.		**2.**

裏目		
1.		**2.**

かけ目		
1.		**2.**

伏せ止め（表目）		
1. かぶせる		**2.**

2目を表目で編み、
右の目をかぶせる

	1.	2.
ねじり目		

ねじり目

ねじり増し目

 ねじり増し目＝左にねじる増し目

右にねじる増し目は反対にねじって編む

1.	2.	3.

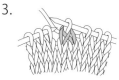

左上
2目一度

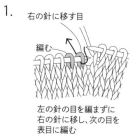

1.
2目左から矢印のように
針を入れる

2.
2目を一度に編む

3.

右上
2目一度

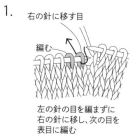

1.
右の針に移す目

編む

左の針の目を編まずに
右の針に移し、次の目を
表目に編む

2.
かぶせる

編まずに移した目を
左の目にかぶせる

3.

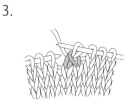

裏目の
左上2目一度

1.
2.
3.

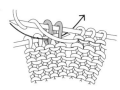

裏目の
右上2目一度

1.
入れ替える

2.
3.

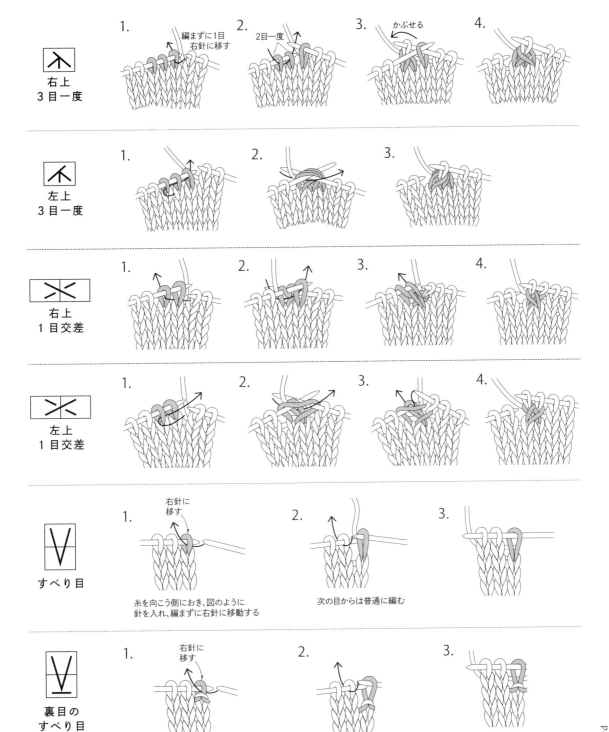

右上
3目一度

1. 編まずに1目
右針に移す

2. 2目一度

3. かぶせる

4.

左上
3目一度

1.

2.

3.

右上
1目交差

1.

2.

3.

4.

左上
1目交差

1.

2.

3.

4.

すべり目

1. 右針に
移す

糸を向こう側におき、図のように
針を入れ、編まずに右針に移動する

2.

次の目からは普通に編む

3.

裏目の
すべり目

1. 右針に
移す

2.

3.

左上 2 目交差

1.

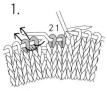

右側の2目をなわ編針に移し、
向こう側に休めておく

2.

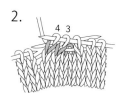

左の2目を表目に編む

3.

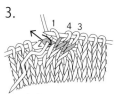

なわ編針に休めておいた
右の2目を編む

4.

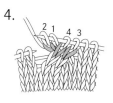

右上 2 目交差

1.

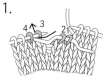

右の2目をなわ編針に移し、
手前に休めておく

2.

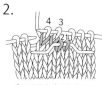

左の2目を表目に編む

3.

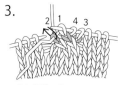

なわ編針に休めておいた
右の2目を編む

4.

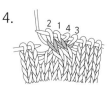

左上 2 目交差
（下裏目）

1.

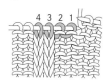

右側の2目をなわ編針に移し、
向こう側に休めておく

2.

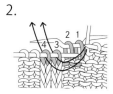

左の2目を表目に編む

3.

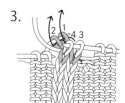

なわ編針に休めておいた
右の2目を裏目に編む

4.

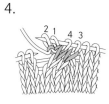

右上 2 目交差
（下裏目）

1.

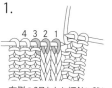

右側の2目をなわ編針に移し、
手前に休めておく

2.

左の2目を裏目に編む

3.

なわ編針に休めておいた
右の2目を表目に編む

4.

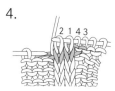

かぎ針編みの基礎

鎖の作り目→鎖の裏山を拾う　鎖編みを必要な目数分編み、鎖の裏山を拾って編みます。

※鎖半目と裏山の拾い方

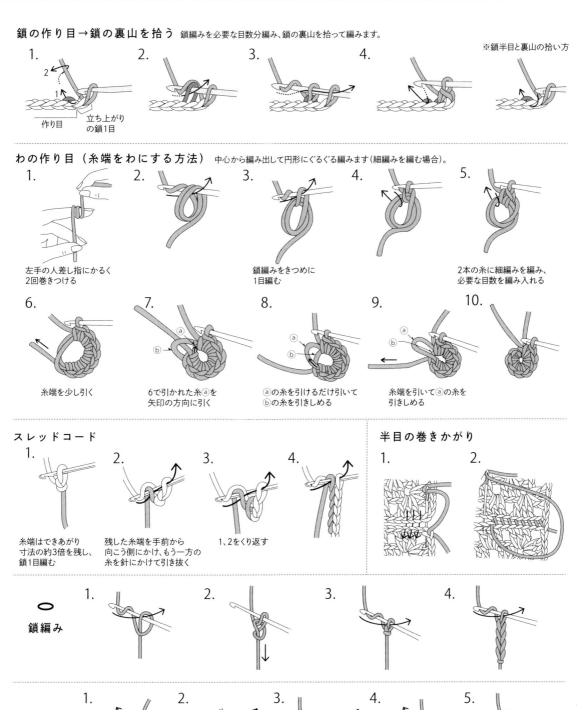

1.　作り目／立ち上がりの鎖1目

2.

3.

4.

わの作り目（糸端をわにする方法）　中心から編み出して円形にぐるぐる編みます（細編みを編む場合）。

1. 左手の人差し指にかるく2回巻きつける

2.

3. 鎖編みをきつめに1目編む

4.

5. 2本の糸に細編みを編み、必要な目数を編み入れる

6. 糸端を少し引く

7. 6で引かれた糸ⓐを矢印の方向に引く

8. ⓐの糸を引けるだけ引いてⓑの糸を引きしめる

9. 糸端を引いてⓐの糸を引きしめる

10.

スレッドコード

1.

2.

3.

4.

糸端はできあがり寸法の約3倍を残し、鎖1目編む

残した糸端を手前から向こう側にかけ、もう一方の糸を針にかけて引き抜く

1、2をくり返す

半目の巻きかがり

1.

2.

〇　鎖編み

1.

2.

3.

4.

×　細編み

1. 鎖1目／立ち上がり

2.

3.

4. 1～3をくり返す

5.

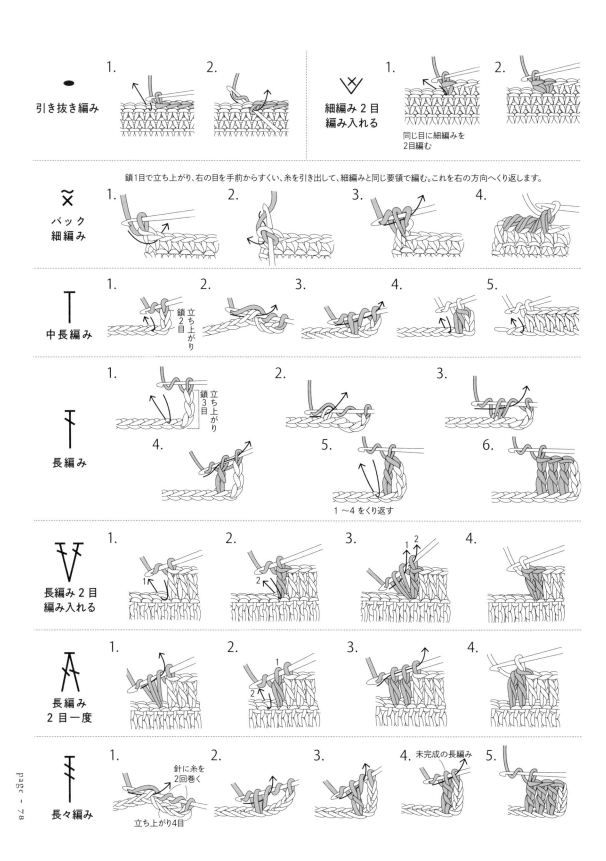

引き抜き編み　1.　2.

細編み2目編み入れる　1.　2.
同じ目に細編みを2目編む

鎖1目で立ち上がり、右の目を手前からすくい、糸を引き出して、細編みと同じ要領で編む。これを右の方向へくり返します。

バック細編み　1.　2.　3.　4.

中長編み　1.　2.　3.　4.　5.
立ち上がり鎖2目

長編み　1.　2.　3.　4.　5.　6.
立ち上がり鎖3目
1〜4をくり返す

長編み2目編み入れる　1.　2.　3.　4.
1　2

長編み2目一度　1.　2.　3.　4.
1　2

長々編み　1.　2.　3.　4. 未完成の長編み　5.
針に糸を2回巻く
立ち上がり4目

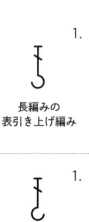
長編みの
表引き上げ編み

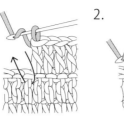
1.

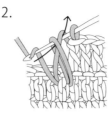
2.

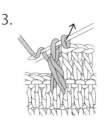
3.

4.

長編みの
裏引き上げ編み

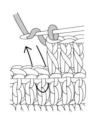
1.

2.

3.

4.

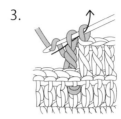

長編み5目の
パプコーン編み

1.
同じ目に長編みを5目編み入れる

2.
針を抜き、矢印のように1目の頭を
通して戻る

3.
矢印のように目を引き出す

4.
針に糸をかけ、鎖1目を編む

5.
4で編んだ目が頭のひと目になる

細編みの編み込み

1.
配色糸
地糸
配色をする1目手前の細編みの
最後の引き抜きの際に、配色糸を
針先にかけて引き抜く

2.
地糸と配色糸の糸端の下に針を
入れ、配色糸を引き出す

3.
地糸と配色糸の糸端を
編みくるみながら、配色糸で
細編みを編む

4.
配色糸の最後の引き抜きの際に、
地糸を針先にかけて引き抜く

5.
配色糸を編みくるみながら
地糸で細編みを編む

6.
同様に糸を替えながら編む

7.
段の終わりに、続けて次の段
の立ち上がりの鎖を編む

8.
立ち上がりの鎖1目
鎖1目を編んだら、編み地
を裏返す

STAFF

制作協力	青野美紀　片山智美　加藤万理 仲野千恵　平野亮子
ブックデザイン	木村百恵
撮影	長谷波ロビン
スタイリング	カワムラアヤ
ヘアメイク	爲井麻友
モデル	Lerka
進行	二瓶日向子
基礎ページ協力	山口裕子（株式会社レシピア）
編集協力	小林美穂
編集	宮崎珠美（OfficeForet）

素 材 提 供

ハマナカ株式会社
〒 616-8585
京都市右京区花園藪ノ下町 2 番地の 3
FAX：075-463-5159
MAIL：info@hamanaka.co.jp
http://www.hamanaka.co.jp/

衣 装 協 力

itocaci
〒 531-0071
大阪市北区中津 3-20-10
instagram @ itocaci

撮 影 協 力

スタジオ R-est
〒 673-1402
兵庫県加東市平木 1310-259　東条湖きよみづ郷
TEL：080-3523-9882（スタジオご予約問い合わせ先）
https://www.nishimaki-kikaku.com

読者の皆様へ

本書の内容に関するお問い合わせは
お手紙またはメール（info@TG-NET.co.jp）にて承ります。
恐縮ですが、電話でのお問い合わせはご遠慮ください。
『かぎ針と棒針で編む あったかウエアと小物』編集部
※本書に掲載している作品の複製・販売はご遠慮ください。

marshell ／ 甲斐直子

ヴォーグ学園東京校にて（社）日本編物文化協会／手編み指導員、魔法の一本針インストラクターを取得後、ニット作家『marshell（マルシェル）』として活動を始める。毛糸メーカーや出版社へデザインや制作作品を提供。不定期で作品の販売、ワークショップなども行う。作品と糸と色の相性を大事にした制作を心がけている。

https://marshell705.com/

かぎ針と棒針で編む

あったかウエアと小物

2023 年 12 月 5 日　初版第 1 刷発行

著者	marshell
発行者	廣瀬和二
発行所	株式会社日東書院本社 〒 113-0033 東京都文京区本郷 1 丁目 33 番 13 号 春日町ビル 5F TEL：03-5931-5930（代表） FAX：03-6386-3087（販売部） URL：http://www.TG-NET.co.jp
印刷所	三共グラフィック株式会社
製本所	株式会社セイコーバインダリー